수학 몰입 공부법

수학 몰입 공부법

제대로, 즐겁게, 수학 잘하는 아이 만드는 법

초 판 1쇄 2024년 04월 11일

지은이 박미숙
펴낸이 류종렬

펴낸곳 미다스북스
본부장 임종익
편집장 이다경
책임진행 김가영, 윤가희, 이예나, 안채원, 김요섭, 임인영, 권유정

등록 2001년 3월 21일 제2001-000040호
주소 서울시 마포구 양화로 133 서교타워 711호
전화 02) 322-7802~3
팩스 02) 6007-1845
블로그 http://blog.naver.com/midasbooks
전자주소 midasbooks@hanmail.net
페이스북 https://www.facebook.com/midasbooks425
인스타그램 https://www.instagram/midasbooks

ⓒ 박미숙, 미다스북스 2024, *Printed in Korea.*

ISBN 979-11-6910-580-4 03370

값 18,000원

제대로, 즐겁게, 수학 잘하는 아이 만드는 방법

MATH

수학 몰입 공부법

FLOW

박미숙
지음

미다스북스

수학을 즐기면서
잘하는 아이를 만드는
진짜 수학 공부법

대부분의 아이들이 학교공부와 사교육을 통해 꾸준히 수학을 공부합니다. 그럼에도 불구하고 고등학교에 진학하면 수포자로 전락하는 경우를 어렵지 않게 볼 수 있습니다. 이유는 무얼까요? 여러 가지 이유가 있겠지만, 먼저 아래 10가지 사항 중 우리 아이에게 해당되는 사항이 있다면 반드시 대책을 마련해야 합니다.

1) 수학에 재능이 없다고 생각한다.

2) 문제가 조금만 길면 읽어보기도 전에 포기한다.

3) 어려운 문제가 나오면 고민하려고 하지 않는다.

4) 수학 숙제를 스스로 알아서 하는 것을 힘들어하거나 안 해가는 경우가 많다.

5) 이미 배운 수학 개념을 물어보면 제대로 대답하지 못한다.

6) 수학 공부할 때 항상 누가 도와주기를 바란다.

7) 문제를 대충 읽는다.

8) 수학 점수가 들쑥날쑥한다.

9) 수학 공부할 때 틀린 문제 다시 푸는 것을 매우 싫어한다.

10) 평소에는 잘하다가 막상 시험을 보면 성적이 안 나온다.

핵심을 요약하면 이렇습니다.

"수학이 재미없다. 수학이 싫다. 수학을 못한다!"

이런 아이들에게 수학은 마냥 어렵고 지루한 과목일 수밖에 없습니다. 그러나 그래도 아이들이 수학을 재미있다고 느끼는 순간이 있습니다. 바로 내 손으로 문제가 술술 풀리는 경험을 했을 때입니다.

수학 문제는 퀴즈 형태로 제시되기 때문에 정답을 맞혔을 때 마치 퀴즈의 정답을 맞혔을 때와 같은 성취감과 쾌감을 느끼게 됩니다. 이때 '나도 할 수 있다'는 자신감이 생기고 자존감 또한 높아집니다. 이 경험이 반복되면 자연스럽게 수학은 재미있는 과목이 됩니다. 때문에 선행과 심화를 하면서도 재미있어 하는 아이들이 있습니다. 자기 수준에 맞고, 그것들을 할 만하기 때문에 재미를 느끼는 것입니다.

이것이 우리가 아이의 수학 공부를 어떻게 이끌어 주어야 하는가에 대한 답입니다. 바로 몰입입니다. 수학 몰입을 한마디로 요약하면 '깊이 있게 생각해서 문제를 해결해내는 수학 공부 방법'입니다. 이는 수학 공부에서 가장 중요한 능력입니다. 아이의 학습 수준에 적절한 수학 문제들을 통해 몰입을 경험한 아이는 수학의 진짜 재미를 맛봅니다. 제대로 된 몰입 방법으로 수학을 꾸준히 공부한다면 학년이 올라갈수록 수학을 잘하는 것은 당연합니다.

저는 오랜 기간 동안 다양한 학생들을 만났습니다. 수학 몰입을 통해 아이들의 수학 실력이 변해가는 모습을 지켜보면서 '수학 몰입'이 모든 아이들에게 꼭 필요한 공부 방법이라는 확신이 들었습니다. 수학을 잘하고 싶은데 방법을 몰라서 아까운 시간을 허비하는 아이들에게 도움을 주고자 이 책을 쓰게 되었습니다.

'어떻게 하면 수학 몰입 방법을 제대로 소개할 수 있을까?'

수없이 고민하며 그동안 쌓인 강의 자료와 구체적인 사례들을 정리하였습니다. 그 결과 몰입 능력을 키울 수 있는 구체적인 방법부터 지속적인 몰입 습관을 위한 루틴 만들기, 몰입 능력이 좋은 아이들의 실제 사례, 학습 수준별 몰입 문제 등 근본적으로 수학 공부를 잘할 수 있는 원리와 방법을 담아 책을 완성할 수 있었습니다.

부모가 수학 공부에 관심이 많을수록 혼란스럽고, 아이는 힘겹게 수학을 공부합니다. 수학에 자신이 없는 아이들도 이 책에서 소개된 방법으로 수학을 즐기고 잘할 수 있기를 기대합니다. 수학에 자신감을 가지게 된다면 다른 과목에서도 효과를 볼 수 있습니다. 또한 지속적으로 향상시킨 수학적 사고력을 바탕으로 현실에서 마주할 다양한 문제들을 효율적으로 해결해 갈 수 있습니다. 지금 바로 우리 아이에게 수학 몰입의 즐거움을 경험시켜 주십시오. 수학 몰입의 효과는 기대 이상입니다.

수학 몰입 공부법으로 제대로, 즐겁게, 수학 잘하는 아이가 많아지기를 바랍니다.

몰입하라.
그러면 중요한 것들만 남을 것이다.

- 스티븐 콜베어

4장

수포자도 부활시키는
수학 몰입 공부법

수학 몰입을 만드는 체크 포인트 4

5장

수학 몰입 공부법으로
기적을 만든 아이들

수학 몰입을 만드는 체크 포인트 5

MATH FLOW

1장

10년째 사교육을 하는데도
왜 수포자가 될까?

MATH FLOW

우리 아이들 수학 공부에 대해서 고민 많으시죠? 20년간 아이들을 지도하면서 학부모님들로부터 가장 많이 들었던 말이 "우리 아이가 고등학교 가서도 수학을 잘할 수 있을까요? 수학을 잘하려면 어떻게 공부해야 될까요?"입니다. 오랫동안 아이들을 지도한 경험을 바탕으로 실감한, 수많은 아이들을 변화시킨 수학 몰입 공부법을 알려드립니다.

1 단계별 자기주도학습은 이렇게 해라

최고난도 문제를 풀고도 60점을 맞은 상민이

상민이를 처음 만난 것은 중2 1학기 기말고사가 끝난 직후였습니다.

"저희 아이는 가장 난도가 높은 문제집까지 다 풀었는데 학교 시험이 60점이 나왔어요."

상민이 어머님은 그간 공부했던 교재를 보여주십니다. 풀이과정이 정성스럽게 쓰여 있습니다. 열심히 공부한 흔적이 가득합니다. 초등학교 때부터 수학을 곧잘 했던 상민이는 중학교 2학년 1학기 중간고사와 기말고사에서 60점대 점수를 받았다고 합니다. 상민이와 첫 수업 때, 예전에 풀었던 교재를 다시 풀어보기로 했습니다.

상민이는 몇 문제 풀다가 별표를 하고 모르겠다며 질문을 했습니다. 별표한 문제를 다시 고민해보자고 하자, 조금 고민하는가 싶더니 진짜 모르겠다고 합니다. 상민이에게 이전에 어떤 방식으로 공부했는지 물어보았습니다. 문제를 다 풀면 별표한 문제를 과외 선생님이 설명해 주고, 상민이가 그 풀이과정을 다시 써보는 방식으로 공부를 한 모양입니다. 상민이는 이 방식에 익숙해져 있었습니다. 모르는 문제가 나오면 별표를 하고 연필을 내려놓습니다.

상민이에게 몇 가지 원칙을 알려주었습니다.

"모르는 문제는 최선을 다해서 끝까지 풀려고 노력해보자. 그래도 모르겠으면 힌트를 받아서 풀어보는 거야. 답이 틀려도 좋아. 너만의 방식으로 풀어보는 거야. 열심히 풀었는데 틀렸다면 어느 부분에서 틀렸는지 나 하고 다시 살펴보자."

조금씩 고민하는 시간을 늘려가기 시작한 상민이는 그 다음해 중3 1학기 중간, 기말고사를 모두 만점을 받았습니다.

교재의 난도가 아이의 수준을 말해주지 않는다

대부분의 부모님들은 교재가 아이의 학습 수준이라고, 어려운 문제집을 선생님과 함께 공부하다 보면 아이가 문제를 잘 해결할 수 있게 된다고 생각합니다. 어린 시기부터 무조건 어려운 교재를 풀게 해야 수학을 잘할 수 있다고 생각하기도 합니다. 이런 생각들은 오히려 우리 아이의 수학 공부를 방해합니다.

수학은 암기과목이 아닙니다. '얼마나 많은 문제를, 얼마나 어려운 문제를 풀었느냐'가 아니라 '얼마나 많이 고민하며 풀었느냐'에 집중해야 합니다.

이때 가장 중요한 것은 우리 아이의 현재 학습 수준에 맞는 교재입니다. 어떤 사람은 초등학교 6학년 때 키가 다 클 수도 있지만, 고등학교 때 급속히 키가 크는 사람도 있습니다. 키 크는 속도가 각자 다르듯이 아이들의 생각 그릇이 커지는 속도도 제각각 다릅니다.

하지만 많은 아이들이 본인의 실력보다 너무 높은 수준의 수학 문제집을 풀고 있습니다. 발에 맞지 않는 신발을 신고 달리기를 하는 것과 같습니다. 수학을 잘하고 싶다는 욕심과 불안이 앞선 상태에서는 쉽게 지치고 포기하게 됩니다. 문제가 아이 수준보다 너무 어려우면 흥미는 당연히 떨어지고 피하고 싶어집니다.

교재는 아이 스스로 풀었을 때 60~70%는 소화할 수 있어야 합니다. 고난도 문제를 해결하지 못한다면 굳이 억지로 풀게 할 필요는 없습니다. 고민해서 충분히 풀어낼 수 있는 난도의 교재부터 시작해야 합니다. 열심히 고민해서 푼 문제의 답이 맞았을 때, 그 짜릿함을 맛본 아이는 수학에 재미를 느낍니다.

만약 가장 쉬운 난도의 교재를 스스로 해결하지 못한다면 문해력을 체크해야 합니다. 이때는 수학 문제를 푸는 것보다 문해력을 키우는 것이 우선입니다. 혹은 유형을 기억해서 문제 해결하는 아이들의 경우에도 쉬운 난도여도 처음 보는 유형의 문제라면 어렵게 생각합니다. 문제집을 여러 권 공부했는데도 수학 성적이 안 나오는 학생들의 대부분이 이 경우에 속합니다.

기억하세요. 지금 풀고 있는 교재의 수준은 아이의 수준이 아닙니다. 너무 쉬워서 고민할 필요도 없게 하거나 너무 어려워서 고민할 의욕을 떨어트려서는 안 됩니다. 아이의 수준에 맞춰 교재를 고르고 충분히 고민하며 풀게 해야, 아이의 수학 실력과 흥미도가 쑥쑥 올라갑니다. 이것이 단계별 자기주도학습의 시작입니다. 수학에 재미와 자신감을 느끼는 아이는 누가 시키지 않아도 스스로 문제를 풀어나갑니다.

수학 몰입 핵심 포인트

많은 아이들이 본인 실력에 맞지 않는 수학 문제집으로 공부를 합니다.

'얼마나 많은 문제를, 얼마나, 어려운 문제를 풀었느냐'가 아니라

'얼마나 많이 고민하며 풀었느냐'에 집중해야 합니다.

2 우리 아이 수학 이해 속도를 찾아라

"수학 잘하는 옆집 아이는 어떤 교재로 공부하고 있을까?"

"어떤 학원을 다니고 있지?"

"진도는 어디까지 나갔을까?"

수학을 잘하는 아이는 부모님들에게 관심의 대상이 됩니다. 수학 잘하는 아이와 친하게 지내면서 같이 공부하면 우리 아이도 수학을 더 잘할 수 있을 것이라고 기대도 합니다.

그래서 대부분의 학부모님들은 수준별 수업에서 레벨 업을 중요하게 생각합니다. 수학 잘하는 아이들이 열심히 공부하는 모습을 보면서 우리 아이도 열심히 하지 않을까 기대하기 때문입니다. 그러나 무리하게 레벨 업을 한 경우 적지 않은 부작용이 생깁니다.

레벨 업 집착 부작용

① 개념을 이해하지 못하고 지나치는 아이

대표적인 부작용 중 하나는 '이해하지 못했는데 지나치기'입니다. 수학 잘하는 아이들의 속도에 맞추다 보니 진도는 많이 나갔지만, 정작 우리 아이는 제대로 이해 못 한 채로 지나가는 것입니다. 왜 이런 일이 생길까요?

수학을 잘하기 위해서는 각 개념에 대한 제대로 된 이해가 되어 있어야 합니다. 전쟁을 나가는 장수의 예를 통해 우리 아이 수학 공부를 생각해 보겠습니다.

전쟁에 나가는 장수는 기본적으로 총, 칼, 활 등 가지고 있는 무기에 대한 충분한 이해와 연습이 되어 있어야 합니다. 그래야 적을 만났을 때 총을 사용할지 칼을 사용할지 결정하여 능숙하게 무기를 사용해서 적을 무찌를 수 있기 때문입니다.

그렇다면 아이가 수학 문제를 마주했을 때 문제를 해결하려면? 수학 문제를 푸는 데 이용되는 원리와 공식에 대한 충분한 이해와 연습이 되어 있어야 합니다.

그런데 각 개념에 대한 이해 속도는 아이들마다 다릅니다. 수학을 잘하는 아이들 중에도 처음 배우는 개념을 이해하는 데 시간이 오래 걸리는 경우가 의외로 많습니다. 반대로 수학을 잘하지 못하는 아이들 중에도 새로운 개념을 빠르게 이해하는 경우가 있습니다. 또한 단원에 따라서도 이해 속도가 차이 날 수 있습니다. 평상시에는 새로운 개념을 자기 것으로 빠르게 받아들이지만 유독 도형 단원에 대해서는 쉬운 개념도 이해를 못 하는 아이들도 있습니다.

물론 수학을 잘하는 아이일수록 평균적인 개념 이해 속도가 빠를 가능성이 큽니다. 그래서 레벨이 높은 반일수록 개념에 대한 설명이 자세히 진행되지 않을 수 있습니다. 조금만 설명해도 더 잘 알아듣는 아이들이 모인 곳이기 때문입니다.

때문에 수학을 잘하고 싶다면 먼저 우리 아이의 수학 개념 이해 속도는 어떠한지, 이해도가 현저히 낮은 단원은 어떤 단원인지 파악하는 것이 무척 중요합니다. 충분한 개념 이해는 수학 공부의 기본이기 때문입니다. 그런데 개념 이해가 제대로 되어 있지 않은 상태에서 진도만 나가면 어떻게 될까요? 처음에는 어느 정도 따라가는 것처럼 보이다가 어느 순간 수학에 대한 자신감도, 재미도 잃게 될 것입니다.

레벨 업 집착 부작용
② 몰라도 말하지 않고 넘어가는 아이

레벨 업 집착의 부작용 두 번째는 모르는 것을 모른다 말하지 않는 아이가 될 수 있다는 점입니다. 수학 공부를 하면서 풀리지 않는 문제를 잡고 혼자서 고민하는 시간은 모든 아이에게 필요합니다. 하지만 자존심 때문에 질문을 못 해서 붙잡고 끙끙거리는 것은 또 다른 문제입니다.

정민이는 최상위권 아이는 아니지만 성실한 중2 학생입니다. 레벨 업을 해서 반 이동을 한 정민이는 수업은 잘 따라가는 듯 보였지만 수업 후 테스트를 보면 많이 틀렸습니다. 그런데 숙제는 풀이도 정확하고 오답이 없습니다. 이상하게 여긴 담당 선생님이 아이와 면담을 하고 나서야 그 이유를 알 수 있었습니다.

자신이 모르는 게 있다는 것을 다른 학생들에게 들키고 싶지 않았던 정민이는 잘하고 싶은 욕심에 문제풀이 어플의 도움을 받아 숙제를 해왔던 것이었습니다. 자존심이 강한 아이, 내성적인 아이일수록 특히 이런 아이들이 경쟁심으로 수학을 공부하게 되면, 남의 시선을 신경 쓰느라 수학 자체에 즐거움을 느끼지 못할 수 있습니다.

수학 공부도 다이어트와 같다!

아이들의 수학 공부는 어떤 의미에서 다이어트와 같습니다. 수천 가지 종류가 있지만 효과를 보는 방법은 각자가 다릅니다. 다이어트의 기본 원리는 적게 먹고 많이 움직이는 것입니다. 그리고 가장 중요한 것은 지속 가능해야 하는 것이죠. 아이들의 수학 공부도 마찬가지입니다. '다양한 문제를 스스로 많이 고민하면서 풀어본다'는 기본 원리를 지속 가능하도록 만들어주면 수학은 반드시 잘할 수 있습니다.

우리 아이에게 맞는 방법을 찾으려면 아이의 수준과 성향에 대한 객관적인 판단이 필요합니다. 걸음마를 일찍 했다고 달리기 선수가 되는 것이 아니듯 아이들에게도 저마다의 속도가 있습니다. 무엇보다 가장 중요한 것은 저마다의 속도에 맞춰주어야만 아이가 수학의 즐거움을 알게 된다는 것입니다. 그 기본은 바로 수학 몰입입니다.

수학 몰입 핵심 포인트 ✏️

수학을 잘하는 아이 중에는 개념을 받아들이는 데
시간이 오래 걸리는 아이가 있습니다.

응용력이 부족한 아이 중에도 개념 이해는 빠른 아이들이 있습니다.

이처럼 아이들은 저마다의 수학 이해 속도가 있습니다.

아이들의 수학 이해 속도는 단원에 따라서도 달라집니다.

아이의 학습 수준과 성향에 대한 주기적이고 객관적인 판단이 필요합니다.

수학의 본질은
그 자유로움에 있다.

– 게오르크 칸토어

3 무리한 선행은 시키지 마라

선행이 아니라 '무리한 선행'이 문제다

아이의 수학 공부에 관심이 많은 학부모일수록 많은 정보를 접하게 됩니다. 그중 뜨거운 감자는 '초등 시기까지 중등과정을 끝내야 한다, 고등과정을 미리 공부하는 것이 좋다' 등등의 선행과 관련된 정보입니다.

"저희 반에는 고등학교 선행하는 친구가 있어요."

"초등학교 때 중학교 과정은 다 끝내놓아야 한다는데요?"

"다른 아이들은 모두 중학교 과정 나가고 있다는데 우리 아이는 왜 아직도 초등학교 것만 하나요?"

많은 아이들이 선행학습을 하고 있습니다. 놀라운 사실은 초등학교 아이들은 대부분 선행학습을 좋아한다는 사실입니다. 왜일까요? 먼저 초등 심화 교재보다 중등 선행 교재가 더 쉽기 때문입니다. 학교에서 친구들은 모르는 중등과정 공식을 사용하면서 우쭐해하기도 합니다. 선행 자체는 아이가 재미를 느낀다면 문제가 없습니다.

문제는 겉핥기식으로 진도만 나가는 것입니다. 아이의 학습 수준에 맞지 않는 무리한 선행은 결국 모래성 쌓기일 뿐입니다. 무리한 선행 진도를 나간다면 교실에서 아이는 그것을 배우고 있는 것이 아니라 그 수업의 구경꾼일 뿐입니다. 비슷한 실력의 친구들이 선행학습을 나가는 것을 보면 당장은 조급한 마음이 들겠지만 지나고 보면, 미리 대충해두는 것이 더 손해입니다.

이렇게 무리하게 선행 진도를 뺀 경우 예상할 수 있는 최악의 시나리오가 있습니다. 실제로 학교에서 그 개념을 배울 때, 용어를 들어는 봤으니 아는 것 같다는 착각에 대충 공부하게 되는 것입니다. 그러나 사실은 그 개념을 단 한 번도 제대로 공부하지 못한 상황이 됩니다. 모르는 것보다, 모르는 것을 안다고 착각하는 것이 더 위험합니다.

선행, 하려면 똑똑하게 하자

수학을 잘하는 아이들이 선행을 많이 하는 것은 사실입니다. 하지만 선행을 했던 아이들이 수학을 모두 잘하는 것은 아닙니다. 선행은 반드시 우리 아이 학습 수준에 부담되지 않는 정도로 진행해야 합니다. 단, 아이가 학년에 맞는 진도를 다 이해했다는 전제하에 말입니다. 대부분 한 학기 정도를 미리 배워두면 학교 진도 나갈 때 좀 더 자신감을 가지고 수업에 참여할 수 있습니다. 하지만 그 이상의 선행 진도는 정작 해당 학년이 되었을 때에는 기억을 못 하기 때문에 효과가 떨어집니다. 한 학기 선행만으로도 좋은 결과를 낸 아이들이 많습니다.

만약 현행 학습과 선행을 병행한다면 해당 학년에 대한 심화 과정을 반드시 포함하는 것이 좋습니다. 또한 문제풀이보다 개념을 제대로 익히는 방법으로 진행해야 합니다. 대부분의 아이들이 쉬운 개념 위주의 선행학습을 하느라 정작 중요한 해당 학년의 심화 문제에 충분히 시간을 할애하지 못합니다. 아이가 선행을 병행하고 있다면 해당 학년 과정의 심화 문제를 어느 정도 해결할 수 있는지 평가해봐야 합니다. 이때 아이가 결과에 연연하지 않도록 왜 심화 문제를 도전해 봐야 하는지 설명해 주는 것이 좋습니다.

"수학은 학년이 올라갈수록 이해해야 하는 개념도 어려워지고 해결해야 하는 문제들도 어려워지는데 생각하는 그릇을 키워놓으면 얼마든지 많은 양을 담을 수 있어. 네 수준보다 조금 더 어려운 수학 문제를 고민하다 보면 너의 생각 그릇이 커져. 헬스장에서 운동해서 근육이 커지면 무거운 아령도 가볍게 들 수 있는 것처럼. 답이 틀리더라도 고민하는 동안 너의 생각 그릇이 커졌으니까 고민한 보람이 있어."

속도보다 중요한 것은 생각 그릇이다

아이 스스로 내가 지금 이 공부를 왜 해야 하는지를 이해할 필요가 있습니다. 만약 아이가 심화 과정을 공부하고 싶지 않아 한다면 무리하게 밀어붙이기보다는 시간을 두고 진행해야 합니다. 아이가 하고 싶어 하는 선행 과정을 공부하면서 아이에게 맞는 단계부터 단계별로 심화과정을 해낼 수 있도록 이끌어줘야 합니다. 학년이 낮을수록 속도보다 중요한 것은 올바른 방법으로 수학을 공부하는 것입니다.

특히 초등학교 시기에는 무리한 선행학습으로 아이를 지치게 하기보다 학습하는 데 필요한 기본 역량을 키워 주는 것이 필요합니다. 초등 시기, 아이들은 공식에 의존하는 수학 공부가 아닌 생각하는 힘을 키우는 공부를 해나가야 합니다. 생각 그릇을 키우는 것이 초등 시기에 제일 중요한 일이기 때문입니다.

　수학 1등급을 받는 학생들 중 많은 학생들이 중학교 때 고등 수학 선행 수업을 이미 많이 진행합니다. 하지만 예외도 존재합니다. 우리 아이가 수학을 안 좋아하더라도, 선행학습을 진행하지 않았더라도 충분히 고등학교에 진학해서 좋은 결과가 있을 수 있습니다.
　중요한 것은 지금 우리 아이의 학습 수준입니다. 많은 양의 공부를 해야 한다는 것이 부담이 되면 수학 공부가 즐거울 수 없습니다. 학년이 낮을수록 새로운 개념을 공부하는 선행학습보다 생각 그릇을 키워줄 수 있는 학습에 집중하는 것이 좋습니다. 충분히 생각 그릇이 키워지면 선행은 얼마든지 속도를 낼 수 있습니다.

수학 몰입 핵심 포인트

학년이 낮을수록 많은 양의 수학 공부를 하기보다
생각하는 힘을 키워줄 수 있는 수학 공부를 해야 합니다.
중고등 시기에는 생각하는 힘을 키우기는 어렵습니다.
생각하는 힘을 충분히 키워놓으면
선행은 늦게라도 얼마든지 속도를 낼 수 있습니다.

4 수학도 결국은 자신감이다

'수학 머리' 타령은 그만!

초4 가은이는 수학을 좋아해서 집에서 꾸준히 수학 공부를 하고 있지만 수학 점수는 형편없다고 합니다.

"저희 아이는 저 닮아서 수학 머리가 없나 봐요."

가은이 어머님께서 한숨을 쉬시며 말씀하십니다. 여기에서 '머리'는 수학 머리를 말하겠죠. 가은이 엄마뿐 아니라 대다수의 사람들이 수학 머리가 따로 있다고 생각합니다. '머리 좋은 애는 못 따라가. 쟤는 수학 쪽

은 아니야.'

　원하는 수학 점수가 나오지 않는 아이들의 부모님 대부분은 "우리 아이는 문과 쪽이라서 수학 머리가 없어요."라는 말씀들을 많이 하십니다. 그러나 머리를 탓하는 순간 진짜 원인은 생각을 안 하게 됩니다. 문제에 똑바로 마주하지 못하면 잘못된 판단을 내리게 되죠. 답답한 마음에 생각 없이 하는 말이라도 아이 앞에서 또는 아이에 대해서 '머리가 나쁘기 때문'이라는 말은 피해야 하는 이유입니다. 아이를 '머리 나쁘다' 또는 '수학 머리 없다.'라고 판단하는 순간 아이와 수학은 멀어집니다.

'어떻게 할까?'를 고민하라

　척 하면 탁 하고 알아듣는 정도까지는 아니어도 노력하면 어느 정도의 수학 성적을 기대할 수 있는 아이에게 흔히 '수학 머리가 있다.'라는 표현을 씁니다. 실제로 수업을 하다 보면 이해가 빠른 아이들이 있습니다. 쉽게 이해하고 쉽게 문제를 풀 수 있으니 당장 이해조차 못 하는 아이보다는 유리한 출발점에 서 있는 것은 사실입니다. 게다가 주변의 칭찬과 기대가 공부의 동기가 되어 나중에는 더 잘하게 될 가능성이 커집니다.
　이렇듯 타고난 인지 능력의 차이는 어느 정도 인정할 수밖에 없습니다. 하지만 '뇌의 발달은 평생에 걸쳐 이루어진다'는 뇌 과학에 따르면 적절한 자극을 통해 우리의 뇌는 일생에 걸쳐 변화할 수 있습니다. 이를 현실로 만들기 위해서는 부모가 우선 그렇다는 사실을 인정하고 믿어야 합니다.

부모는 '수학 머리가 있냐 없냐'가 아니라 '지금 상태는 어떠하며 더 나은 상태로 가기 위해서는 무엇이 필요할까?'에 초점을 맞춰야 합니다. 공부를 머리로만 하는 행위라고 생각하면 타고난 지능과 성향이 결정적인 요소가 될 수밖에 없습니다. 수학을 잘하기 위해서 필요한 것이 타고난 것만 있는 게 아니라는 사실을 인정한다면 아이의 가능성은 훨씬 넓어집니다.

수학을 잘하는 학생들은 모두 엇비슷하고, 수학을 못하는 학생은 못하는 이유가 제각각 다릅니다. 수학을 못하는 아이들의 특징은 분석하기도 어렵고, 하나로 특정하여 이야기하기도 힘듭니다. 그럼에도 수학 점수가 잘 나오지 않는 이유는 크게 3가지로 생각해 볼 수 있습니다.

첫째, 수학 공부량 부족
둘째, 실력에 맞지 않는 수학 공부
셋째, 생각하지 않는 수학 공부

이 3가지 경우 모두 아이 스스로 문제점을 알아차리기는 힘듭니다. 어른의 도움이 필요합니다. 결과가 지속적으로 좋지 않다면 어느 순간 아이는 수학에 흥미를 잃을 것이기 때문입니다. 수학을 좋아하는 아이들은 부모가 조금만 방법을 바꾸어준다면 충분히 좋은 결과가 나올 수 있습니다.

수학은 자신감과 재미가 관건이다

무엇보다 중요한 것은 아이가 스스로 '수학 공부를 열심히 하면 나도 수학을 잘할 수 있다!'는 생각을 가지는 것입니다. 부모님이 직접적으로 말을 하지 않더라도 '우리 애는 수학 머리가 없어.'라고 생각한다면 아이도 '나는 수학 머리가 없어서 수학은 잘 못해.', '수학은 타고나는 거야.', '나는 수학 공부를 해도 잘하지 못할 거야.'라는 생각을 하게 됩니다. 부모님이 어떤 생각을 하고 있는지 아이들은 본능적으로 느낍니다. 부모님의 시선이 다른 곳을 향하고 있다면 아이들의 시선도 그곳에 향할 수밖에 없습니다. 즉 원하는 점수를 받지 못하는 아이들은 '수학 머리'가 없는 아이들이 아니라, 진짜 수학 공부의 즐거움을 경험해 보지 못한 아이들인 것입니다.

아이들 대부분은 인정욕구가 큽니다. 부모님과 선생님께 칭찬받고 싶은 마음이 크죠. 수학을 어려워한다면 '수학 머리가 없다'는 말보다 아이가 왜 수학을 어려워하는지에 대한 직접적인 원인 분석이 우선입니다. 학교나 학원에서 이미 수학에 대한 자신감을 잃은 아이가 자신감을 회복할 수 있도록 하는 일이 수학을 즐겁게 공부할 수 있는 첫 단계입니다. 이를 위해서는 자신의 수준에 맞는 수학 문제를 해결하면서 성공 경험을 갖게 해야 합니다.

오늘 우리 아이에게 넌지시 물어보세요. "수학 재밌지 않니?" 만약 "수학 재밌어!"라고 얘기한다면 우리 아이의 수학 공부는 절반 이상은 성공한 것입니다.

수학 몰입 핵심 포인트

'수학 머리가 없다!'라는 생각은
수학 공부의 가장 큰 걸림돌입니다.
아이 스스로 '노력하면 충분히 잘할 수 있다!'
이런 생각을 가질 수 있도록 해야 합니다.
무엇보다 중요한 것은 부모님 먼저
우리 아이가 충분히 수학을 잘할 수 있다고 생각하는 것입니다.

5 수학 몰입 공부도 핵심은 부모다

불안과 조급함이 만나면?

대부분 아이들이 학년이 올라가면서 수학 성적이 떨어집니다. 수학을 어려워하고 싫어하는 아이들이 늘어나는 이유가 무엇일까요? 이렇게 묻는다면 저는 이렇게 대답할 것입니다.

"불안한 마음이 만든 조급함 때문입니다."

아이들은 수학을 잘하고 싶은 조급한 마음 때문에 충분히 고민하려 하지 않습니다. 부모님들은 좋은 결과를 빨리 얻고 싶은 조급한 마음 때문에 주변의 말들에 휘둘립니다.

　교과 과정이 쉬워졌다고 해도 수학은 어렵습니다. 다른 과목에 비해 시간을 많이 들여야 합니다. 또한 아이마다 수학을 잘하기까지 걸리는 시간은 천차만별입니다. 오늘 열심히 수학 공부를 했다고 갑자기 실력이 올라가지 않습니다. 그럼에도 빠른 결과를 원하는 부모님들은 조금이라도 지름길을 찾으려 여기저기 귀동냥을 합니다. 그렇게 이런저런 말에 휘둘리다 보면 아이는 실력에 맞지 않는 무리한 방법으로 수학 공부를 하게 되고 수학이 싫어지게 되는 것입니다.

불안한 아이들, 조급한 부모, 산으로 가는 수학 공부

　초6 민형이는 과학고를 가고 싶습니다. 친구들은 이미 고등 과정을 공부하고 있기도 합니다. 민형이는 중3 1학기 과정을 공부하고 있습니다. 수업을 들을 때는 이해 가지만 막상 혼자 문제를 풀어보려고 하면 어렵습니다. 숙제는 답지를 보고 풀거나 문제풀이 어플을 이용하기도 합니다. 민형이는 수학을 생각하면 마음이 답답하고 너무 막막합니다.
　이렇게 선행을 하는 학생들은 많은 양의 수학 공부를 감당해야 합니다. 많은 양의 수학 공부를 소화하기 위해서는 많은 시간을 할애해야 합니다. 그러나 수학뿐 아니라 다른 과목 공부와 병행하다 보면 많은 시간을 할애하기가 쉽지 않습니다. 짧은 시간 안에 많은 양을 소화하려다 보니 버거운 공부를 할 수밖에 없는 것입니다.

초5 수경이는 수학을 어려워합니다. 중학교에 가서 성적이 안 나올까 봐 미리 중1 선행학습을 하고 있습니다. 부모님이 바쁘시기 때문에 수경이는 학원과 과외를 병행하고 있습니다. 학원 숙제와 학교 숙제를 과외 선생님과 같이 진행합니다. 수경이는 혼자서는 숙제를 해결하지 못합니다. 부모님도 바쁘시기 때문에 학원과 과외를 통해서만 수학 공부를 하고 집에서는 따로 수학 공부를 하지 않습니다. 초5 과정도 어려운데 중1 수학은 더욱 너무 어렵습니다. 수경이는 수학이 싫습니다.

이렇듯 '중학교, 고등학교에 가서 수학을 잘해야 할 텐데.' 또는 '수포자가 되면 어쩌나?'라는 불안한 생각은 조급한 마음을 만듭니다. 부모만큼, 어쩌면 부모보다 더 아이들도 불안한 것입니다. 이럴 때 부모도 함께 불안해 하고 조급해 하면 수학 공부는 산으로 가고 맙니다.

부모가 중심을 잡아야 우리 아이 수학이 바로 선다!

지금 중요한 것은 우리 아이의 수학 공부 특성을 파악하는 것입니다. 수학 잘하는 아이들의 공부 방법은 제각각 다릅니다. 다른 아이에게 맞았던 방법이 우리 아이에게는 틀릴 수 있습니다. 더딘 것처럼 보여도 우리 아이의 시행착오 과정을 기다려 줄 수 있어야 합니다. 아이들 역시 다른 친구들과는 다른 나만의 방법으로 수학을 잘할 수 있다는 확신을 갖는 것이 중요합니다.

그렇다면 우리 아이의 수학 공부 특성을 파악하려면 어떻게 하면 좋을까요? 초등학교 시기까지는 부모님이 아이가 스스로 수학을 공부하는 시간을 만들어 주는 것이 필요합니다. 짧은 시간이어도 좋습니다. 부모님이 꼭 같이 수학 공부를 할 필요는 없습니다. 아이가 수학 공부를 하는 동안 책을 읽어도 좋고 집안일을 해도 좋습니다. 아이를 지켜볼 수 있는 공간에서 함께면 됩니다. 두 딸을 과학고에 보낸 어머님께 비결을 여쭤보니 "선생님, 저는 앞에 앉아서 채점해준 것밖에 없어요. 공부는 애들이 했지요."라고 했습니다. 이렇게 곁에서 아이를 지켜보다 보면 수학을 몰라도 아이의 학습수준과 특성을 파악하게 됩니다.

수학을 즐기며 공부할 수 있는 환경을 만들어 주는 것은 유명한 학원과 명문대 선생님이 해줄 수 없습니다. 아무리 비싸고 유명한 학원과 과외를 다니더라도 결국 수학 공부는 아이 스스로 하는 것이기 때문입니다. 한창 나가서 놀고 싶고 여러 유혹에 빠지기 쉬운 나이의 아이가 스스로 공부하도록 이끌 수 있는 것은 아이를 가장 가까이서 지켜보는 부모님밖에 없습니다. 스스로 하는 수학 공부로 성취감을 느껴본 아이는 자연스럽게 중고등 시기에 수학을 즐기며 잘할 수 있습니다.

수학 몰입 핵심 포인트

조급함과 불안함을 가지고 경기에 임한다면
좋은 결과를 내기 힘듭니다.
마찬가지로 수학 공부에서도 우리 아이만의 공부 방법으로
수학을 잘할 수 있다는 확신을 갖는 것이 중요합니다.

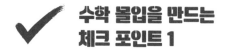

수학 몰입을 만드는 체크 포인트 1

우리 아이 수학 수준을 점검해봅시다.

1. 우리 아이가 풀고 있는 수학 교재의 정답률은 어떻게 될까요?

  ① 50% 이하 – 문제집을 다시 정할 필요가 있습니다.

  ② 60~80% – 스스로 문제를 해결하였는지 지켜봅니다.

  ③ 90% 이상 – 단계를 높일 필요가 있습니다.

2. 우리 아이가 다른 친구들의 수학 성적에 관심이 많나요?

3. 아이가 선행학습을 원하나요? 원한다면 그 이유는 무엇일까요?

4. 아이가 본 학년의 심화학습을 하고 있나요?
   하고 있지 않다면 그 이유는 무엇일까요?

5. 아이 스스로 수학 공부하는 시간은 얼마나 될까요?

"벼는 농부의 발자국 소리를
듣고 자란다."라는 말처럼
아이들의 수학 실력도 부모님의 관심과
제대로 된 피드백 속에서 성장합니다.

제일 중요한 것은
현재 우리 아이의 학습 실력과 습관을
정확하게 파악하는 것입니다.

**수학 몰입 핵심
저자 직강!**

언제나 현재에 집중한다면
행복할 것이다.

- 파울로 코엘료

MATH FLOW

2장

몰입 능력이
수학 성적을 결정한다

MATH FLOW

몰입 상태에서는 아이의 평소 능력을 넘어서는 자기도 모르는 힘을 발휘하게 됩니다. 즉 몰입 능력이 높아지면 평범한 아이도 영재의 특징을 갖추게 되는 것입니다. 이러한 몰입 능력은 훈련으로 얼마든지 키울 수 있습니다. 부모님의 말 한마디, 작은 행동 하나가 아이의 수학 몰입 능력을 높입니다. 우리가 수학 몰입 공부법에 대해 알아야 하는 이유입니다.

6 고등 수학 점수는 몰입 능력에 달렸다

고등학교에 올라가면 수학 점수 떨어지는 이유

고1 재원이는 성실한 아이입니다. 수업 태도도 좋고 중학교 때까지 수학 점수 A등급을 놓친 적이 없습니다. 고1 과정은 중학교 때 미리 선행학습을 했습니다. 그래서 부모님은 재원이의 수학에 대해 고민하지 않았습니다. 그런데 고등학교에서 재원이는 낮은 수학 점수를 받게 됩니다. 학생도 부모님도 충격을 받았습니다. 수학 공부도 열심히 하고 숙제도 잘하고, 수업도 잘 따라오던 성실한 아이가 시험 점수가 안 좋으니 그때서야 부모님은 뭔가 잘못되었다는 생각을 하게 됩니다. 왜 이런 현상이 벌어질까요?

재원이의 고등 수학 점수가 좋지 않았던 이유는 2가지입니다.

첫째, 개념을 제대로 이해하지 않고 넘어갔습니다. 수학은 다른 과목과 다르게 개념을 정확히 알아야 문제를 풀 수 있는 과목입니다. 특히 고등 수학은 한 문제에 여러 개념이 복합적으로 들어가 있는 난해한 문제들이 많습니다. 다른 과목들처럼 '어느 정도만 알아도' 해결할 수 있는 문제가 적습니다. 문제를 풀어가는 전 과정을 정확히 이해하고, 과정마다 실수 없이 풀어내야 하는 것입니다.

그런데 재원이는 선생님의 설명을 듣고 대충대충 문제를 푸는 습관이 있었습니다. 개념 이해가 덜된 상태로 대충 문제를 풀어 버릇하니, 정답을 도출하는 풀이과정과 비슷하게 접근을 해도, 결국 제대로 풀어낼 수가 없었던 것입니다. 재원이가 생각하는 '알았다'와 실제 문제를 풀어낼 수 있는 '알았다'에는 차이가 있었습니다.

두 번째 원인은 문제를 끝까지 고민하면서 풀어내지 않았다는 것입니다. 즉 몰입 능력의 부족입니다. 재원이는 빨리 많은 문제를 풀어내기 위해 답이 틀리면 바로바로 해설지를 확인했습니다.

충분히 고민할 수 있는 시간을 가지려면 수학 공부에 많은 시간을 내야 합니다. 수학은 특히나 다른 과목에 비해 훨씬 많은 시간 투자가 필요한 과목입니다. 그러나 고등학교에 진학하면 과목마다 학습량이 늘어나고 수행평가 준비 등으로 수학 공부를 할 시간을 충분히 확보하기 어렵습니다. 적은 시간을 투자해 가볍게 수학 공부를 하다 보면 생각하는 힘을 키울 수 없습니다.

문제 해결 능력은 몰입으로 자란다!

어느 정도의 이해력이 있는 아이들은 어려운 문제도 해설지를 보면 이해할 수 있는 능력을 가지고 있습니다. 해설지를 봐 가면서 수많은 문제집을 아주 어려운 심화 수준까지 해결해 나갑니다. 그러나 실제 시험을 볼 때는 처음 보는 낯선 문제를 새로운 유형의 심화 문제를 해설지 없이 해결해야 합니다.

그러려면 생각하는 힘이 반드시 필요합니다. 이 생각하는 힘은 해설지를 보거나, 질문을 통해서 문제풀이를 익힌 것으로는 생기지 않습니다. 오랫동안 스스로 고민하여 문제를 풀고 해결하는 과정, 즉 몰입을 통해서만 습득됩니다.

초중등 때는 수학 공부의 문제점을 모르고 지나치기가 쉽습니다. 왜냐하면 개념이 비교적 단순하고 대부분 문제의 난도도 쉽기 때문입니다. 하지만 많은 아이들이 학년이 올라갈수록 열심히 하는데도 수학만 점수가 안 나옵니다. 그래서 불안한 마음에 기계적인 문제풀이만 많이 하는 방식으로 공부합니다.

그렇게 고등학생이 되면 급격히 올라간 난도에 당황하고, 낮은 수학 점수를 올리기 위해 백방으로 노력합니다. 그러나 고등학교에 가서 수학 공부 방법을 바꾸기는 어렵습니다.

'우리 아이가 고등 수학을 잘해낼 수 있을까?'라는 걱정에서 지금 우리 아이의 수학 점수는 의미가 없습니다. 모르는 문제가 나왔을 때 얼마나 열심히 고민하는지 몰입 능력을 체크해 봐야 합니다. 그 몰입 능력이 우리 아이의 고등 수학 점수를 책임질 것입니다.

수학 몰입 핵심 포인트

고등학교에 가서도 수학 공부를 잘하는 아이들은
문제 해결 능력이 뛰어납니다.
뛰어난 문제 해결 능력은 하루 아침에 생기지 않습니다.
어린 시절부터 키워진 몰입 능력을 통해
문제 해결 능력이 향상된 것입니다.

훌륭한 기억력을 지닌 사람들의 공통점은
사물을 주의 깊게 관찰하는 사람이며,
집중하고 훈련하는 사람이다.
어떤 사물에 대하여 열심히 알려고 하면 할수록
그 사물은 더 잘 기억된다. 그것은 진리이다.

– 데일 카네기

수학 몰입 능력이란 무엇일까?

시간 가는 줄 모르고 문제를 풀 때, 바로 몰입한다!

한 아이가 수학 공부를 시작합니다. 하기 싫다는 생각을 조금만 참고 일단 시작하니 신기하게도 수학 공부에 빠져들게 됩니다. 자기도 모르게 어떤 문제에 빠져들면서 시간 가는 줄도 모를 만큼 집중했을 때 느끼는 묘한 쾌감, 심리학에서는 이런 순간의 기분을 '플로(flow)'라고 부릅니다.

플로는 원래 '흐름'이라는 뜻이지만, 심리학에서는 '시간의 흐름도 잊을 만큼 몰입한다'는 의미로 쓰입니다. '몰입'은 1990년대 초 미하이 칙센트미하이 교수가 처음 소개한 개념입니다. 그는 '무언가에 흠뻑 빠져 있는 심리적 상태'를 몰입이라고 했습니다. 또한 몰입은 주위의 모든 잡념, 방해물을 차단하고 자신이 원하는 어느 한곳에 모든 정신을 집중하는 것입니다. 그래서 몰입했을 때의 느낌을 '물 흐르는 것처럼 편안한 느낌, 하늘을 날아가는 자유로운 느낌'이라고 합니다.

몰입의 경험은 그 자체가 즐거운 것입니다. 일단 몰입하면 몇 시간이 한순간처럼 짧게 느껴지고 몰입하고 있는 대상이 더 자세하고 뚜렷하게 보입니다. 이러한 몰입 상태에서는 현재 몰입하고 있는 대상에 대한 강렬한 집중이 일어납니다. 이러한 집중은 노력해서 일어나는 것이 아니라 몰입 대상에 대한 흥미와 즐거움으로 인해 자발적으로 일어납니다. 몰입하면 결과에 대한 걱정이 사라집니다. 더 중요한 것은 몰입이 우리의 기억에 지대한 영향을 미친다는 사실입니다. 몰입 상태에서는 고도의 집중력이 발휘되어 학습 내용이 빠르게 습득되고 장기기억으로 저장됩니다.

수학 몰입, 우리 아이 뇌를 수학 문제 푸는 뇌로 바꾼다

몰입의 경험과 학습은 우리 뇌를 달라지게 합니다. 마치 두뇌가 폭발하여 열리는 것과 같습니다. 전혀 다른 사람이 될 수 있다는 것입니다.

『몰입』의 저자 황농문 교수는 생각을 이어 나가는 몰입 상태에 들어가면 시냅스가 매우 활성화된다고 합니다.

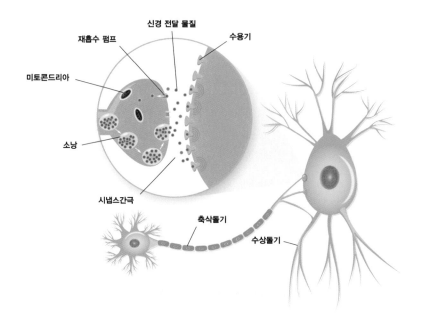

활성화된 시냅스가 늘어난다는 것은 어떤 문제를 풀기 위해 움직이는 시냅스의 수가 늘어난다는 것입니다. 즉 몰입도가 올라갔다는 것은 주어진 문제를 해결하는 능력이 올라갔음을 의미합니다.

그러나 뇌는 우리가 요구하기 전에는 어떤 능력도 미리 만들어주지 않습니다. 우리가 어떤 능력을 요구하면 그때서야 비로소 이런 능력을 발휘할 시냅스 배선을 만들어 줍니다. 축구를 열심히 하면 우리 뇌는 축구가 생존에 중요한 것이라고 간주하고 축구 실력을 향상시키는 방향으로 변화합니다. 암기를 열심히 하면 우리 뇌는 암기능력을 향상시키는 방향으로 변화합니다.

그렇다면 수학 문제를 열심히 고민하면 어떻게 될까요? 간단합니다. 수학 문제 푸는 능력을 향상시키는 방향으로 변화합니다. 이제부터 수학 몰입을 파헤쳐봅니다.

수학 몰입 핵심 포인트

수학문제를 통해 몰입을 경험한 아이는
수학에 대한 재미를 느낍니다.
수학에 대한 재미는
점점 더 어려운 수학 문제에 대한 도전으로 이어집니다.
이러한 반복된 몰입의 경험과 학습은
우리 아이의 뇌를 달라지게 합니다.

8 수학 잘하는 아이들의 4가지 공통점

초5 기정이는 어려운 수학 문제를 끝까지 고민해서 풀어내는 것을 좋아합니다. 기정이 어머니는 기정이가 너무 수학을 좋아하고 집에서 수학 문제만 붙들고 있는 것이 걱정입니다. 기정이에게 수학 공부를 왜 그렇게 열심히 하는지 물어봤습니다.

"어려운 수학 문제를 고민해서 답이 나오면 너무 재미있어요."

기정이처럼 수학을 잘하는 아이들은 수학 몰입 능력이 좋은 아이들입니다. 이 아이들에게는 공통점이 있습니다.

1) '노력하면 된다'는 자신감

첫 번째, 충분히 노력하면 수학을 잘할 수 있다고 생각합니다. 즉, 수학에 대한 '자신감'이 있습니다. 문제를 풀었을 때 틀리는 것 자체를 두려워하지 않습니다. 실패해도 괜찮다는 마음가짐 덕분에 어려운 문제 앞에서도 도전의식을 갖고 끝까지 포기하지 않는 태도를 보인다는 것이죠.

『스탠포드 수학 공부법』에는 수학에 대한 심리적인 부분이 실제 수학 실력에 얼마나 영향을 미치는지에 대한 실험이 소개되어 있습니다. 스탠포드대학 교수인 스틸과 그의 동료들은 상위권 대학의 학문 수준이 높은 여학생들에게 고난도의 수학 문제를 풀게 하면서 다음과 같은 배경 조건을 제시했습니다.

"학생도 알다시피 여성이 남성보다 수학을 못한다는 연구에는 논란이 많습니다. 우리는 이 논란을 파헤칠 겁니다. 수학에 좋은 점수를 보였던 여성인 당신이 선발된 이유죠."

그리고 고난도의 문제를 던져주면서 같은 문제에 대해 과거 비슷한 여학생들이 형편없는 점수를 받았다는 신호를 보냈습니다.

물론 그 신호는 조작된 것입니다. 학생들의 결과는 어땠을까요? 단순히 '너와 같은 부류가 못했다.'라는 신호를 보냈을 뿐인데 실제로 수학 성적이 형편없이 내려갔습니다. 스틸은 "여학생들이 남학생들과 같은 조건에서 비교되는 신호를 받았을 때, 눈에 띄게 점수가 내려갔다"고 연구 결과를 정리했습니다. 그리고 남학생들의 점수는 오히려 올라가는 현상이 벌어졌습니다. 자신의 열등감은 누군가에게는 우월함의 재료가 되는 것입니다.

일반적으로 남학생들은 수학에서 뒤처지는 모습을 보이지 않습니다. 그러나 우월감을 느낀 남학생들도 무너질 수 있을까요?

심리학자인 조슈아 아론슨은 미유럽 출신의 이 남학생들에게 고난도의 시험을 치르게 하면서 간단한 신호를 던졌습니다. "지금 치는 시험으로 아시아 남학생들과 경쟁하게 됩니다." 아시아 남학생들의 수학 점수는 이미 아이비리그에서 평가 기준을 상향시킬 만큼 높습니다. 이후 여학생들과 비교되면서 올라갔던 남학생들의 점수는 아시아 남학생들이 옆자리에 앉자 눈에 띄게 떨어졌습니다. 엘리트로 불리다가 갑자기 더 뛰어난 엘리트와 경쟁하게 되자 점수가 형편없이 떨어지는 것입니다. 미국 학회지에 발표된 세계 역대 수학자의 순위표에는 20위권 안에 아시아인은 없습니다.

심리학자들은 일부러 백인 남학생들에게 사실과 다른 신호를 보낸 것입니다. 신호는 그야말로 아무렇게나 던질 수 있습니다. 더 놀라운 사실은 어느 학생도 자신이 남학생과 시험을 친다는 입력을 받아서 또는 내 옆자리에 동양인이 하필 앉아 있어서 성적이 떨어졌다는 것을 눈치 채지 못했다는 사실입니다. 그들은 자신의 엉망진창인 성적표를 순식간에 자신의 '정직한' 실력으로 인정했습니다. 보이지 않는 신호를 자신의 것으로 온전히 흡수한 것입니다.

이러한 실험 결과가 알려주듯, 아이의 심리적인 부분은 수학 실력에 많은 영향을 줍니다. '나는 수학 머리가 없다'는 생각을 가지고는 수학을 잘할 수 없습니다. '수학 머리는 노력하면 충분히 만들어진다'는 생각이 수학 공부에서 가장 중요한 이유입니다.

2) 끝까지 고민하는 과제 집착력

두 번째, 한 문제에 대해서 끝까지 고민하며 풀어보는 습관을 가지고 있습니다. 수학을 잘하는 것은 '과제 집착력'이 높다는 것입니다. 한 문제에 집중해서 풀릴 때까지 포기하지 않는 능력이 '과제 집착력'입니다. 과제 집착력은 영재 아이들이 갖고 있는 특성이기도 합니다. 스스로 문제를 풀면서 몰입하다 보면 안 풀리던 문제가 풀리는 게 재미있어서 시간 가는 줄 모르게 빠져듭니다. 이러한 경험은 과제 집착력으로 연결됩니다.

즉 평범한 아이들도 수학 문제를 통해서 수학영재로 성장해 갈 수 있는 것입니다. 그러나 현실에서는 대부분 아이들이 수학 문제를 열심히 고민하지 못하고 있습니다. 너무 바쁘거나 방법을 모르기 때문입니다. 적은 시간을 공부해서 빨리 점수를 높이는 식의 효율성을 생각하는 수학 공부로는 아이들이 수학에 재미를 느끼기 힘듭니다. 시간을 할애해서 수학 공부를 많이 하는 아이들 또한 스스로 몰입하는 공부가 아닌 듣고 이해하는 공부를 하는 경우가 대다수입니다.

학년이 낮을수록 시간적인 여유가 있습니다. 때문에 낮은 학년일수록 아이 스스로 몰입하는 시간을 충분히 주어야 합니다. 충분한 시간을 가지고 스스로 문제를 해결하는 방법을 통해서 공부할 때만 몰입 능력이 향상됩니다. 하지만 전 과목에 시간을 투자해야 하는 입장에서는 시간도 오래 걸리고 비효율적이라고 느낄 수 있습니다.

그러나 조금 천천히 가더라도 문제를 끙끙거리며 푸는 시간이 필요합니다. 머릿속으로 수학 문제를 푸는 능력이 하루아침에 갑자기 생기지는 않을 것입니다. 하지만 초등학교 때부터 꾸준히 생각하는 힘이 쌓이면 쌓일수록 수학 실력도 점차 빠르게 늡니다. 그렇게 실력이 쌓이면 한 문제나 하나의 개념을 짧으면 2~3일, 길면 일주일 이상 생각할 수 있게 됩니다. 그러다가 어느 순간 실마리가 떠오르거나 완벽하게 이해가 되어서 그 문제를 명확하게 풀게 됩니다. 그때 느끼는 쾌감은 경험해 본 사람만이 알 수 있는 수학의 진짜 재미입니다.

이러한 습관은 선천적인 지능과는 큰 관련이 없습니다. 오히려 후천적인 환경 및 교육방법에 의해 더 크게 영향을 받습니다. 그래서 어릴 때부터 적절한 훈련을 받는 것이 중요합니다. 초등 시기 부모님의 역할이 중요한 이유이기도 합니다. 처음부터 의지에만 의존하다 보면 쉽게 포기하거나 미루게 됩니다. 아이가 규칙적인 습관을 갖기 전까지는 스마트폰이나 컴퓨터로부터 떨어트려 주변 환경을 적절히 통제해주어야 합니다. 아이의 의지에 기대서는 안 됩니다. 습관으로 해야 합니다.

3) 편안히 집중할 수 있는 환경

세 번째, 몸과 마음이 편안한 상태에서 수학 공부를 합니다. 대부분의 아이들이 수학 공부를 시간에 쫓겨서 합니다. 바쁜 스케줄 속에서 숙제하느라, 게임하느라, 축구 보느라 등등의 이유로 수면이 부족하기도 합니다. 이렇게 급하게 수학 공부를 하다 보니 건성으로 이해하고 넘어갑니다. 대충 숙제를 빠르게 해치웁니다. 이런 아이들의 하루 일과는 무척 바쁩니다. 해야 할 공부량이 아이의 해낼 수 있는 역량에 비해 많습니다. 부모님이 억지로 강요하거나 결과에 대한 압박감을 주시기도 합니다.

몰입 능력이 좋은 아이들은 스케줄이 단순하고 수면이 충분합니다. 내가 해야 할 공부량이 부담스럽지 않습니다. 자율성을 존중받으면서 공부합니다. 부모님과 충분한 대화를 통해 관계가 돈독한 경우가 많습니다. 이런 아이들은 대부분 수학에 대한 긍정적인 정서를 가지고 있습니다.

결국 이러한 차이를 보이는 것은 아이의 의지가 아니라 부모의 의지입니다. 부모의 의지가 만들어낸 환경 설계가 아이를 수학에 몰입하게 하는 것입니다. 아이가 대충대충 건성으로 공부를 한다면, 아이가 해야 할 공부량에 부담을 느끼고 있다면 수학에 몰입할 수 없습니다. 아무리 많은 시간을 공부해도 효과를 보기 어렵다는 뜻이기도 합니다. 우리 아이가 수학 공부에 몰입하지 못한다면 아이의 수학 공부 환경을 다시 점검해 봐야 합니다.

4) 수학 공부를 하는 명확한 동기와 긍정 경험

네 번째, 수학 공부를 해야 하는 이유가 명확합니다. 몰입 능력이 좋은 아이들은 대부분 학습 목표나 도달지점을 구체적으로 정한 경우가 많습니다. 목표가 있기 때문에 스스로 수학을 공부하게 되는 것입니다. 자율적으로 수학 공부를 해야 제대로 몰입할 수 있습니다.

시험기간에 특히 몰입이 잘되는 이유도 같은 이유일 것입니다. 두 딸을 과학고에 보낸 한 어머님은 포켓몬을 좋아하는 딸들을 위해 시험 후에 함께 게임을 하며 포켓몬을 잡으러 온 사방을 누볐다는 말씀을 하십니다. 이렇게 특별히 아이가 좋아하는 것이 있다면 단기적인 목표가 될 수 있습니다.

무엇보다 아이가 수학에 진짜 재미를 느끼기 전까지는 반복적인 긍정 경험이 중요합니다. 포켓몬을 잡으러 가기 위해서도 좋고, 좋아하는 아이돌 콘서트를 갈 수 있다는 기대감도 좋습니다. 반복적인 경험으로 수학 몰입 습관을 잡아줄 때까지는 아이의 몰입을 이끌어낼 수 있는 최대 관심사를 우선 알아봐야 할 것입니다. 처음에는 동기유발을 위해 물질적인 보상을 해주기로 약속을 했더라도 차차 정서적인 보상으로 바꾸어 가야 합니다. 또한 '이번 시험 100점'과 같은 결과 중심 목표보다는 '한 문제를 끝까지 고민하면서 답을 구해보기'와 같은 과정 중심의 목표를 정하는 것이 아이의 몰입 능력을 키울 수 있습니다. 핵심은 고민하던 수학 문제를 풀어냈을 때의 쾌감을 느껴봐야 한다는 것입니다.

수학 잘하는 아이들의 공통점은 몰입을 만드는 공통점입니다.

1) '노력하면 된다'는 자신감

2) 끝까지 고민하는 과제 집착력

3) 편안히 집중할 수 있는 환경

4) 수학 공부를 하는 명확한 동기와 긍정 경험

이 4가지가 우리 아이에게 있는지, 부모인 내가 해줄 수 있는 것이 있을지 고민하는 것이 수학 몰입 공부법의 첫걸음입니다.

수학 몰입 핵심 포인트

수학 잘하는 아이들은 몰입 능력이 좋습니다.
지금 현재 수학 점수보다 몰입 능력을 키우기 위한
아래 4가지 사항이 더욱 중요합니다.

1) '노력하면 된다'는 자신감
2) 끝까지 고민하는 과제집착력
3) 편안히 집중할 수 있는 환경
4) 수학 공부를 하는 명확한 동기과 긍정 경험

우리 아이 수학 몰입 능력을 알아보자

아이의 수학 몰입 능력을 판별하는 가장 확실한 방법은 수학 몰입 능력 평가도구를 이용해 측정해보는 것입니다. 하지만, 아이의 상태를 관찰하는 것만으로도 아이의 수학 몰입도를 어느 정도 짐작해볼 수 있습니다.

다음 10가지 척도를 보고 예/아니오로 답해보세요.

(우리 아이는)

① 수학을 좋아한다.

② 다른 과목에 비해 수학 성적이 높다.

③ 하루에 숙제 이외에 스스로 공부하는 시간이 1시간 이상이다.

④ 어려운 수학퀴즈가 나오면 풀어 보고 싶어 한다.

⑤ 친구들 수학 점수에 신경 쓰지 않는다.

⑥ 컴퓨터 게임이나 스마트폰 게임에 대한 집착이 강하지 않다.

⑦ 수학을 잘한다고 생각하거나 노력하면 수학을 잘할 수 있다고 생각한다.

⑧ 퍼즐이나 보드 게임 등 생각해야 하는 것을 좋아한다.

⑨ 반복적인 연산문제를 많이 푸는 것을 좋아하지 않는다.

⑩ 문제를 답이 나올 때까지 끝까지 풀어보려고 한다.

정확히 모르겠다면 체크해두었다가 아이를 관찰한 후 답해도 좋습니다. '예'라고 답한 개수에 따라 다음의 진단을 내릴 수 있습니다.

다음의 진단을 기준으로 이 책에서 이야기하는 수학 몰입 공부법을 충분히 활용해보세요. 과정 속에서 한 차례 더 체크하면서, 수학 몰입의 성장을 확인해보아도 좋습니다.

0~4개
- 수학에 대한 흥미를 높일 수 있도록 수학에 대한 긍정적인 마음을 갖도록 해주세요.

5∼7개

– 수학에 대한 몰입 능력을 키울 수 있도록 칭찬과 기다림을 적절히 활용

  해 주세요.

8∼10개

– 수학에 대한 몰입 능력을 더욱 키울 수 있는 환경을 만들어 주세요.

수학 몰입 핵심 포인트

현재 수학 점수는 좋아도

수학 몰입 능력이 뒷받침 되지 않으면

학년이 올라갈수록 수학점수는 낮아질 수밖에 없습니다.

주기적으로 우리 아이의 수학 몰입 능력을

체크해 보는 것은 무엇보다 중요합니다.

"나는 똑똑한 것이 아니라
단지 문제를 더 오래 연구할 뿐이다."

- 알버트 아인슈타인

아이가 하루아침에 수학 몰입을 잘하기는 어렵습니다. 가랑비에 옷 젖 듯이 서서히, 몰입이 습관이 되려면 반복적인 일상이 필요합니다. 몰입 은 학습되고 개발되는 하나의 기술이기 때문입니다.

앞에서 이야기한 수학 영재의 특징 중 하나인 '과제 집착력'은 몰입에 서 시작됩니다. 몰입 상태에서 아이는 평소 능력을 넘어서는, 자기도 몰 랐던 힘을 발휘하게 됩니다. 가끔 아이들이 본인이 풀어놓고도 이렇게 어려운 문제를 자기가 어떻게 풀었는지 모르겠다며 너스레를 떠는 경우 가 있습니다. 그 아이는 그 문제에 제대로 몰입한 것이죠. 그렇다면 우리 아이에게 몰입 습관을 만들어주려면 어떻게 해야 할까요?

과정 중심의 정서적 보상이 몰입 습관을 만든다

"이번 시험에서 수학 100점 맞으면 최신 폰으로 바꿔준대요. 안 될 거 뻔히 알면서 엄마가 약 올리려고 하는 말 같아요."

중2 은서가 중간고사를 앞두고 한 말입니다. 은서는 초등학교에서부터 상을 받을 때마다 부모로부터 보상을 받았다고 했습니다. 자신이 사달라는 걸 부모님이 다 사주었다는 것입니다. 그러다 학년이 올라가면서 보상이 시들해지자 아이는 수학 공부에 의욕을 느끼지 못했습니다.

보상은 일시적인 동기유발의 도구일 뿐입니다. 보상에 초점이 맞추어지면 내적 동기가 떨어지고 보상에만 관심을 쏟게 됩니다. 심하게는 보상 품목이 마음에 안 들어 수학 공부를 하지 않겠다는 말도 거침없이 쏟아냅니다. 어느 순간 아이는 수학 공부를 자신을 위해서가 아니라 부모를 위해 하는 것이라고 생각합니다.

'이렇게 하면 뭘 해주겠다'는 식의 보상으로는 수학 몰입 습관을 만들 수 없습니다. 처음에는 동기유발을 위해 물질적인 보상을 해주기로 약속을 했더라도 차차 정서적인 보상으로 바꾸어 가야 합니다.

또한 초등 시기까지는 짧은 시간이라도 아이가 수학 공부 하는 모습을 지켜봐주는 것이 필요합니다. 수학을 잘하려는 결과에 집중하면 수학은 지겨운 과목이 됩니다. 틀려도 좋다고 생각하고 모르는 문제를 도전해 볼 수 있는 자신감, 도전정신이 중요합니다.

"고민해서 여기까지 생각해 내다니 대단하다!"
"어려운 문제인데 풀어보려고 시도해봤구나!"

이처럼 열심히 도전해서 수학을 즐기려는 태도를 칭찬해 주는 것이 좋습니다.

"한 문제를 풀더라도 끝까지 고민하면서 풀어내는 모습을 보니 대단한데!"
"전보다 스스로 수학 공부하는 시간이 늘었네."

이와 같은 과정 중심의 칭찬이 장기적으로 수학 몰입 습관을 만듭니다. 칭찬하고 격려하면서 따뜻하게 안아주면 더욱 좋겠지요. 아이들은 어릴수록 인정욕구가 강합니다. 수학 공부를 몰입해서 하거나 전보다 열심히 노력하는 모습을 보일 때 부모가 칭찬을 해주면 아이들은 수학 공부 욕구를 더 끌어올리게 됩니다.

그러나 아이의 의욕을 자극시킨다는 명분으로 지나친 기대감을 드러내는 건 좋지 않습니다. 무작정 아이에게 "난 네가 전교 1등을 하고 하버드에 갈 수 있을 거라 믿어."라는 식으로 말해서는 안 된다는 뜻입니다. 아이가 할 수 있는 것보다 더 높은 수준을 부모가 요구하면 아이는 의욕을 내는 대신 좌절감에 빠질 가능성이 높습니다. 기대에 부응하려고 노력하기보다 차라리 노력을 안 해서 못했다고 하는 게 자신을 보호하는 길이라고 생각해, 아무것도 하지 않을지도 모릅니다. 지나친 기대감은 아이를 살리는 게 아니라 낙담시키고 무기력하게 만듭니다. 칭찬과 격려는 잘하면 약이지만 잘못하면 독이 될 수 있습니다.

초중 시기에 실수로 1, 2개 틀리는 것은 큰 문제가 되지 않습니다. 그러나 "몇 점이야?", "100점은 몇 명이야?" 등 결과를 중요하게 생각하는 부모의 말과 태도는 도전하지 않는 아이를 만듭니다. 그보다 더 큰 문제는 수학의 즐거움을 모르고 공부하는 아이를 만든다는 것입니다.

지나치게 기대하고 결과 중심적인 태도를 보이기보다는, 인정하고 격려하며 과정 중심적인 태도를 보이는 것이 우리 아이의 수학 몰입을 살립니다.

지나친 기대감과 결과를 중요하게 생각하는 태도는
아이에게 오히려 독이 됩니다.
우리 아이에게 수학 몰입 습관을 만들어 주기 위해서는
과정 중심의 정서적 보상이 반드시 필요합니다.

머리를 쓸 때엔 모든 정신적 능력을
그 대상에 집중하도록 노력하라.

– 레프 톨스토이

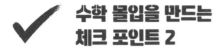

수학 몰입을 만드는 체크 포인트 2

우리 아이의 수학 몰입도를 점검해봅시다

1. 우리 아이는 어느 유형일까요?

　① 수학 공부 시간에 비해 수학 성적이 잘 나온다.

　② 수학 공부 하는 시간만큼 수학 성적이 나온다.

　③ 수학 공부는 열심히 하는데 수학 성적이 안 나온다.

2. 우리 아이는 수학 문제를 끝까지 고민해서 풀어내는 습관을 갖고 있나요?

3. 우리 아이가 수학 학습량은 충분한가요?

4. 우리 아이는 본인 스스로 수학을 잘한다고 생각하나요?
　아니라면 충분히 노력하면 수학을 잘할 수 있다고 생각하나요?

5. 최근 아이에게 수학 공부에 대한 칭찬을 한 적이 있나요?
　있다면 어떤 칭찬이었나요?

아이들에게 부모는
우주와 같다는 말이 있습니다.
나이가 어릴수록 부모님의 말 한마디,
작은 행동 하나에도 많은 영향을 받습니다.
우리 아이가 수학에 대한
자신감을 높일 수 있는 실천사항을
3가지만 적어봅시다.

**수학 몰입 핵심
저자 직강!**

MATH FLOW

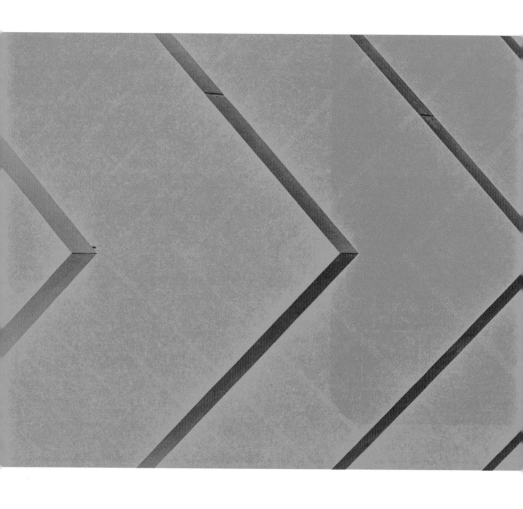

3장

재미와 자신감을 부르는
수학 몰입 습관 만들기

MATH FLOW

수학을 잘해야 한다고 수백 번 듣는 것보다 한 번 수학에 몰입하는 경험을 하는 것이 훨씬 효과적입니다. 하루아침에 몰입을 잘하기는 어렵습니다. 몰입이 습관이 되려면 반복적인 일상이 되어야 합니다. 긍정적인 몰입 경험을 반복하다 보면 수학이 어느 순간 즐겁게 느껴질 것입니다. 수학 실력이 좋아지는 것은 자연스럽게 따라오는 결과입니다.

11 수포자 탈출!
몰입 극대화의 2가지 비법

수포자들에게는 공통점이 있습니다. 복잡한 공식이나 수많은 응용 문제 등에만 몰두한다는 점입니다. 처음부터 자신의 실력은 생각하지 않고 무조건 앞으로만 나아가려 하면 수학이 어렵게만 느껴집니다.

수학에 몰입을 하기 위해서 다른 무엇보다 가장 중요한 2가지가 있습니다.

1) 쉬운 문제부터 차근차근 공략하라

우선 쉽게 풀 수 있는 문제부터 차근차근 공략해야 합니다. 수학은 문제 하나를 온전히 이해하고 잘 풀어냈다는 삭은 성취감에서 문세집의 한 단원을 다 풀었다는 중간 성취감, 그리고 한 학년의 내용을 무사히 마쳤을 때의 큰 성취감까지 다양한 성취를 쌓아가기에 가장 좋은 과목입니다.

이 성취감을 느끼기 위해서는 자신과의 싸움을 치러야 합니다. 선생님이 칠판에 푸는 문제를 보는 것으로는 성취감을 느낄 수 없습니다. 수학 문제를 직접 풀어내야만 경험할 수 있습니다. 그렇기 때문에 자신의 학습 수준에 맞는 문제를 끝까지 풀어내는 반복적인 경험을 쌓아야 합니다.

수학의 학습 수준은 각자 너무나 다른 발달 과정을 거칩니다. 주변에 휘둘리지 않아야 합니다. 특히 초등까지는 비교를 멈춰야 합니다. 내 아이의 현재 수준은 부모가 가장 잘 압니다. 현재 수준에서 한 발씩 나아갈 수 있도록 가까운 목표를 잡아주어야 합니다. 아이 스스로 성취감을 느낄 수 있도록 도와줘야 합니다.

즉, 쉬운 문제부터 스스로 해결하는 습관을 만드는 것이 중요합니다. 쉬운 문제의 경우, 질문하거나 해설지를 보지 않고도 개념만 다시 읽어보거나 기존의 비슷한 유형을 찾아서 복습하면 충분히 혼자서 풀 수 있습니다. 그런 방식으로 아이가 혼자 문제를 해결할 수 있도록 유도해야 합니다. 처음에는 쉬운 문제부터 시작해서 점점 난도를 높여갑니다.

부모님이 결과를 중요하게 생각하면 아이들은 어려운 문제에 도전하려고 하지 않습니다. 답이 쉽게 나오는 쉬운 문제만 풀려고 합니다. 처음 수학 공부를 시작하는 시기부터 스스로 문제를 고민하는 모습을 칭찬해 주는 것이 중요합니다. 문제의 정답을 맞히거나 많은 문제를 풀어내는 것보다 스스로 문제를 고민하는 것이 더 나은 것이라는 생각을 갖게 하는 것이 목표입니다. 아이의 올바른 수학 몰입 습관은 부모님의 태도에서 만들어집니다. 수학이 처음부터 재미있는 아이들은 극소수입니다. 안 풀리던 문제 하나를 최선을 다한 끝에 풀어내는 것, 그때의 성취감이 수학 몰입의 첫 시작입니다.

2) 꾸준할 수밖에 없는 환경을 만들어라

수학 몰입을 극대화하기 위해 중요한 것 두 번째는 꾸준해질 수밖에 없는 환경을 만드는 것입니다. 수학은 단기간에 실력을 끌어올리기 어렵습니다. 많은 아이들이 단기간 열심히 노력하다 어느 순간 지쳐 포기합니다.

조급할수록 더 빨리 지치고 포기하게 됩니다. 조금 더 여유를 가지면 훨씬 좋은 성과를 낼 수 있을 텐데 말이죠. 차근차근 꾸준히 쌓아가다 보면 어느 순간 실력이 확 늘어나는 경험을 하게 됩니다. 지금 당장 원하는 점수나 실력이 나오지 않는다고 포기하지 말고 일단 끝까지 도전해봐야 합니다. 그럼 반드시 다음 단계로 넘어갈 수 있을 것입니다.

수학 몰입을 꾸준히 실천하기 위해서는 되도록 초등 저학년 시기부터 아이 혼자서도 꾸준하게 수학 공부할 수 있는 환경을 만들어 주는 것이 효과적입니다. 처음에는 보상체계를 활용하는 것도 좋습니다. 매일 정해진 시간 동안 수학 문제를 최대한 고민해보기, 문제집 몇 장 풀기 등 구체적인 목표를 설정한 후 이를 달성하면 적절한 보상을 주는 것입니다. 일정 기간 동안 꾸준히 수학 공부를 하면 스티커를 주고, 다 모으면 선물을 주는 방식도 좋습니다. 수학 몰입 습관이 루틴이 될 때까지 우리 아이에게 맞는 방법으로 꾸준해질 수밖에 없는 환경을 만들어줘야 합니다.

수학 공부 효율을 끌어올리는 몰입 극대화의 비밀

수학을 좋아하지도 않고 산만한 아이들도 이 2가지 비밀을 알고 실천하면 자연스럽게 주도적으로 수학에 몰입하는 습관이 생깁니다.

1) 쉬운 문제부터 차근차근 공략하라
2) 꾸준할 수밖에 없는 환경을 만들어라

수학에 몰입하는 습관을 만드는 데는 시간과 노력의 힘이 필요합니다. 그러나 일단 수학 몰입 습관이 만들어지면 '자기 스스로' 생각하는 힘을 키워줄 것입니다. 어느 순간 생각하는 힘이 커진 아이는 같은 시간 수학 공부를 해도 집중도 잘되고, 잡생각도 들지 않아 보다 효율적으로 수학 공부를 할 수 있습니다.

수학 몰입 핵심 포인트

수학 몰입 습관을 만들기 위해서는
우선 수학이 재미있어야 합니다.
내가 푼 수학 문제가 맞았을 때
아이는 재미를 느끼게 됩니다.
수포자 탈출, 기적의 핵심은 시간과 노력의 힘으로
꾸준히 쉬운 문제부터 차근차근 풀어나가는 것입니다.

12 흔들림 없는 수학 몰입 루틴을 만들어라

한 가지 단순한 규칙을 지키게 하라

"인간이 하는 행동의 99%가 습관에서 나온다."

– 윌리엄 제임스(19세기 미국 철학자)

수학을 재미있어 하는 아이도 자극적인 유튜브 영상, 게임 앞에서는 유혹을 뿌리치기 힘듭니다. 실은 어른의 의지로도 쉽지 않은 일입니다. 아이의 의지로는 더더욱 힘들겠죠. 우리 아이가 수학 몰입 습관을 가지려면 수학 공부 하는 루틴을 잡아줘야 합니다.

반복되는 일상의 규칙을 루틴이라고 합니다. 컨베이어 벨트가 저절로 움직이는 것처럼, 지루하지만 건너뛸 수 없도록 하는 것입니다.

우선 아이와 한 가지 단순한 규칙을 만듭니다. 예를 들면 하루에 수학 문제집 2장 풀기처럼 단순해야 합니다. 여기서 중요한 것은 매일 풀어야 한다는 것입니다. 수학 공부를 하는 것을 우선순위에 올려두어야 합니다. 쉽고 간단한 규칙도 실제로는 꽤 지키기 어렵습니다.

때문에 아이와 정한 규칙이라면 그 외의 다른 것은 되도록 마음껏 하도록 합니다. 지켜야 할 규칙이 너무 많다면 오래 지속하기가 힘들기 때문입니다. 규칙은 정해지기까지 진통이 있지만 정착되기만 하면 잘 굴러 갑니다. 습관이 되고 루틴이 되면 아이도 받아들입니다. 좋든 싫든 이렇게 한 단원 또는 한 권을 끝내게 되면 자연스럽게 성취감이 생깁니다.

수학 몰입 루틴, 어릴 때 직접 만들어주자

① 저학년 때 시작하라

수학 몰입 루틴은 되도록 초등학교 저학년 때부터 만들어 주는 것이 좋습니다. 초등학교 5~6학년 때까지 수학 몰입 루틴을 완성하는 것을 목표로 잡아야 합니다. 학년이 높아질수록 루틴을 만드는 데 많은 에너지가 필요하기 때문입니다.

② 괴로워도 직접 관리하라

누구나 자기 아이에게는 욕심과 기대가 생기기 마련이고 오히려 인내심을 잃기 쉽습니다. 가르치려고 하니 아이와 크고 작은 부딪힘이 생길 수밖에 없습니다. 그래서 학원이나 공부방으로 보내버리기도 하지만, 내 눈에 안 보일 뿐입니다. 부모가 모르는 곳에서 아이의 루틴이 망가지고 습관이 방치되는 것이 더 나쁩니다. 괴로워도 아이의 실체를 똑바로 지켜봐야 합니다. 엄마랑 공부하느냐 학원에서 공부하느냐가 중요한 것이 아니라는 뜻입니다. 근본적인 것을 해결해 주는 것이 중요합니다. 어릴 적부터 아이와 대화하고 가까이에서 지켜보며 무엇이 안 되는지를 잘 살펴 학습 공백이 생기지 않도록 해야 합니다.

③ 아이의 스케줄은 단순하게, 지속적으로

아이의 스케줄은 되도록 단순한 것이 좋습니다. 식후나 운동 후처럼 몰입하기 힘든 시간은 피해야 합니다. 매일 푸는 양은 '부담 없이 할 정도'로 시작하면 됩니다. 매일 체크하며 습관을 잡아 나가면서 조금씩 시간을 늘려가야 합니다. 어릴 때는 5~10분, 초등학생이 되었을 때는 최소 30~40분의 시간을 매일 수학 학습에 투자해야 합니다. 중요한 점은 '띄엄띄엄 한꺼번에 긴 시간'이 아니라 '짧은 시간을 매일 지속적으로' 해야 한다는 것입니다.

④ 완성까지 방심은 금물

초등 저학년 시기에는 매일 루틴을 지켜갈 수 있도록 지켜봐줘야 합니다. 아이는 긍정적인 피드백이 지속된다면 스스로도 성장합니다. 루틴이 자리 잡았다면 중간중간 확인만 해도 됩니다. 그러나 방심해서는 안 됩니다. 바로 어제까지 잘하던 아이더라도 여러 가지 원인으로 오늘 갑자기 슬럼프를 겪을 수 있습니다. 어느 순간 말하지 않아도 수학 공부하고 있는 아이의 모습을 보게 될 때까지 안심하면 안 됩니다. 루틴을 잡는 데는 오래 걸리지만 루틴이 무너지는 것은 순간입니다.

수학 실력은 대부분 수학 공부 습관의 문제입니다. 그러나 마음을 먹는다고 습관을 하루아침에 바꾸기는 힘듭니다. 수학 공부는 머리 좋은 아이가 잘하는 것이 아니라 자신을 절제하며 꾸준히 학습하는 습관이 몸에 밴 아이가 잘하는 것입니다. 수학 몰입 루틴은 학년이 올라가도 흔들림 없는 수학 실력을 만들어줍니다.

수학 몰입 핵심 포인트

수학 실력은 대부분 수학 공부 습관에 따라 결정됩니다.

우리 아이가 수학 몰입 습관을 가지려면

수학 공부하는 루틴을 잡아주는 것이 효과적입니다.

한 가지 단순한 규칙부터 시작해야 합니다.

저학년 때부터 몰입 루틴을 잡아주고

고학년 때 수학 몰입 루틴을 완성하는 것을 목표로 해야 합니다.

13 시험 전날처럼 절박한 상황을 만들어라

절박한 상황의 많은 시간 투입이 답이다

잠깐! 그렇다면 아이가 중고등학생이라면 수학 몰입 습관을 만들기엔 늦었을까요? 아닙니다. 수학 몰입 습관은 중고등학생 때도 만들 수 있습니다. 그러나 한 가지 조건이 더 필요합니다. 바로 절박함입니다.

대부분의 중고생 아이들은 중간고사나 기말고사 때 수학 몰입도가 가장 좋습니다. 시험이 하루 앞으로 다가오면 자기도 모르게 몰입이 됩니다. 이때부터 공부가 굉장히 잘되기 시작합니다. 내용이 머리에 쏙쏙 들어오고 기억도 잘됩니다. 그런데 문제는 시간이 턱없이 부족하다는 것입니다. '진작 이렇게 공부할 걸!' 생각하면서 다음 시험부터는 미리미리 열심히 공부해보겠노라 다짐합니다. 하지만 막상 시험이 끝나면 언제 그랬냐는 듯 몰입하는 모습을 보기 힘듭니다. 매일 시험 전날처럼 몰입할 수 있으면 얼마나 좋을까요?

수학 몰입도를 시험 하루 전날과 같이 끌어올리는 방법이 있습니다. 시험 하루 전과 같은 절박한 상황을 만드는 것이 핵심입니다.

첫 번째, 우선 몰입해야 하는 확실한 목표를 정해야 합니다. 중간고사 100점, 전교 10등 이내 진입 등 바로 가까운 시점에 즉각적인 피드백을 받을 수 있는 목표가 좋습니다.

두 번째, 몰입 근력을 키우는 것입니다. 의도적으로 수학 몰입 시간을 늘려 나가야 합니다. 본인만의 수학 몰입 루틴을 만들어 수학 몰입 시간을 늘릴 수 있도록 여유 있게 스케줄을 잡는 것이 좋습니다.

자나 깨나 수학 공부와 관련된 활동만 해봅시다. 스터디 카페나 학교에서는 물론이고 걷거나 버스를 탈 때, 샤워를 할 때에도 수학 개념에 대해 생각해보거나 수학 문제를 고민하는 등의 활동을 합니다. 의식적으로 이런 활동을 하면 우리 뇌는 '수학이 얼마나 중요하기에 이렇게 자나 깨나 수학 공부만 하는 걸까?'라고 판단해 몰입을 하게 됩니다.

물론 처음부터 몰입도가 올라가는 것은 아닙니다. 처음에는 딴 생각이 들고 문제가 눈에 들어오지 않을 것입니다. 하지만 꾹 참고 몰입하는 흉내라도 내야 합니다. 수학을 잘해야 한다고 수백 번 듣는 것보다 한 번 수학에 몰입하는 경험을 하는 것이 훨씬 효과적입니다. 이런 긍정적인 몰입 경험을 반복하다 보면 힘들기만 했던 수학이 어느 순간 즐겁게 느껴질 것입니다. 수학 실력이 좋아지는 것은 자연스럽게 따라오는 결과일 뿐입니다.

5등급을 1등급으로 만든 해설지 활용법

지호는 중학교 때 공부방에서 오랜 기간 공부를 했습니다. 중학교 때 학교 성적은 80~100점 사이를 왔다 갔다 했습니다. 수학을 잘한다고 생각했는데 고등학교 1학년 첫 중간고사에서 5등급을 받게 되자, 공부 방법을 바꿔봐야겠다는 생각을 했다고 합니다.

이전까지는 모르는 문제가 나오면 몇 번 고민을 하다가 나중에 다시 고민해봐야겠다고 그냥 지나치는 문제들이 많았습니다. 그러다 보니 아는 문제만 풀게 되었고, 모르는 문제가 계속 쌓여만 갔습니다. 지호는 최대한 고민해보고 그래도 모르겠으면 해설지를 빠르게 한 번 훑어보고 다시 풀어 보는 방식으로 공부 방법을 바꿨습니다. 해설지를 볼 때는 대략

힌트만 본 후 재빨리 덮고 문제를 풀기 위한 키포인트가 되는 개념을 다시 보고 문제를 혼자 힘으로 풀어나갔습니다. 점점 해설지를 들춰보는 횟수가 줄어들었고 수능에서 지호는 1등급을 받았습니다.

수학 몰입 습관을 만들 때 가장 중요한 것이 해설지의 활용법입니다. "문제집의 해설지를 보면 안 된다."라는 말을 많이 들어 보았을 것입니다. 물론 해설지를 보지 않고 스스로 문제를 해결해 나간다면 그보다 더 좋을 수는 없습니다. 그러나 문제는 어느 정도 고민해도 풀이를 알 수 없을 때입니다. 어떤 문제가 풀리지 않는다고 그 문제만 하루, 이틀, 일주일 내내 붙잡고 생각할 수는 없습니다.

아무리 끈질기게 고민하고 할 수 있는 모든 방법으로 끝까지 풀어봤지만 더는 해볼 게 없을 때는 해설지를 봅니다. 이때 해설지를 띄엄띄엄 재빠르게 봐야 합니다. 해설지를 보긴 하지만 풀이의 큰 방향에 대한 대략적 힌트만 훑어보고 다시 풀어보는 것입니다. 기억하세요, 시험을 볼 때는 해설지를 볼 수 없습니다.

시험 전날과 같이 절박한 마음, 시험 때와 같이 해설지에 의존하지 않는 마음이 수학 몰입 루틴을 만듭니다.

수학 몰입 핵심 포인트 ✏️

중고등 시기 수학 몰입 습관을 만들려면

우선 몰입해야 하는 확실한 목표를 정해서 절박한 상황을 만듭니다.

그리고 최대한 많은 시간을 투입해서 수학에 몰입해야 합니다.

이 때, 해설지는 수학 몰입 능력을 키우기 위한

유용한 도구로 활용할 수 있습니다.

아무리 고민해도 풀리지 않는다면

큰 방향에 대한 대략적인 힌트만 훑어보고 다시 풀어보는 것입니다.

당신이 하고 있는 일에 온 정신을 집중하라.
햇빛은 한 초점에 모아질 때만 불꽃을 내는 법이다.

– 알렉산더 그레이엄 벨

14 수학 몰입 습관 만들기
① 엄마표 수학이라면?

엄마표 수학이 좌절되는 3가지 이유

엄마표 수학은 아이의 수학 몰입 습관을 만들기에 가장 좋은 방법입니다. 단, 제대로 된 방법으로 진행한다면 말입니다.

특히 초등 시기에는 아이 스스로 몰입 습관을 만들기 어렵습니다. 이때는 아이가 수학에 몰입할 수 있도록 환경을 만들어 주는 것이 부모님의 몫입니다. 그래서 엄마를 많이 따르는 시기인 초등 저학년 시기에 일찍 시작할수록 효과를 빠르게 볼 수 있는 것입니다. 엄마표 수학으로 몰입 습관을 제대로 만들어주려면 어떻게 해야 할까요?

우선 엄마가 수학을 직접 가르쳐볼까 생각했다가도 결국 사교육을 선택하는 이유를 생각해 볼 필요가 있습니다.

첫째, 대부분의 부모들이 자신의 생각보다 어려운 문제들을 보면, '우리 때와는 수학이 많이 달라졌구나. 잘못 지도할 수도 있으니 처음부터 전문가한테 맡기자.'라고 생각합니다.

둘째, 수학을 가르치면서 아이와의 관계가 안 좋아질까 봐 걱정합니다. 학습적인 부분으로 생길 수 있는 갈등을 미리 피하려고 합니다.

셋째, 맞벌이를 하거나 동생이 있어서 엄마가 아이에게 수학을 공부시킬 마음의 여유도 시간의 여유도 없습니다.

이렇게 3가지 이유가 가장 대표적인 유형입니다. 물론 틀린 말은 없습니다. 전문적으로 수학을 배우는 것이 더욱 체계적일 것이고, 엄마가 공부를 직접 지도하다 보면 관계가 틀어질 수도 있습니다. 또한 바쁜 일정 속에서 아이의 수학 공부 계획이 흐지부지 끝나는 경우도 부지기수입니다. 이에 맞는 대처가 필요합니다.

수학 몰입은 티칭이 아니라 코칭이다

사실 핵심은 하나입니다. 아이에게 필요한 것은 티칭이 아니라 코칭이라는 것입니다. 즉, 아이가 모르는 수학 문제를 엄마가 어떻게 알려주는가는 중요하지 않습니다.

『맹자』 고자하편에 나오는 '생어우환(生於憂患) 사어안락(死於安樂)'이라는 한자성어가 있습니다. "지금 어렵고 근심스러운 것이 오히려 나를 살게 할 것이고, 지금 편안하고 즐거운 것이 오히려 나를 죽게 할 것"이라는 뜻입니다. 수학 공부는 습관이 될 때까지 고통의 시간이 될 수 있으나 일단 습관이 되면 큰 위력을 발휘할 것입니다. 아이에 대한 학습적인 특성을 파악하지 않고 사교육에 처음부터 무작정 맡기는 경우, 제대로 된 수학 몰입 습관을 만들기는 어렵습니다. 아이마다 특성이 다르기 때문에 아이만의 방법을 찾아야 합니다.

⑴ 초1 유경이는 부모님이 맞벌이하느라 무척 바쁩니다. 수학을 어려워했던 엄마는 아이 수학이 무척 신경이 쓰였습니다. 전문적으로 수학을 가르치려고 초등학교 1학년부터 전문 학원에 보냈습니다. 잘 적응해서 다니고 있다고 생각했는데 아이가 숙제를 안 해온다고 학원에서 연락이 옵니다. 퇴근 후 피곤한 몸으로 숙제를 하기 싫다고 짜증내는 아이에게 억지로 숙제를 시킵니다. 그러다 아이에게 큰 소리를 내게 되고, 이러려

면 학원은 왜 보냈는지 화가 나기도 하지만 직접 가르칠 엄두는 나지 않습니다.

(2) 초3 진수는 엄마와 집에서 수학 문제집 한 권 정도는 거뜬히 풀어냅니다. 진수가 학교 수업도 잘 따라가고 단원평가도 잘 봐서 수학 공부는 잘하고 있다고 생각했는데, 친구 엄마들 모임에 가서 얘기를 들어보니 머릿속이 복잡합니다.

어떤 아이는 영재원에 합격했다고 하고 큰 아이를 좋은 대학을 보낸 어떤 엄마는 중학교 가기 전에 중학교 전과정 선행을 다해야 한다고 합니다. 어떻게 내 아이를 지도해야 할지 막막합니다.

우리 아이 수학 몰입 습관 만들기

유경이와 진수가 제대로 된 수학 몰입 습관을 가지려면 부모님이 어떻게 해야 할까요? 이에 대한 해결방안을 같이 생각해보기 전에 제대로 된 수학 몰입 습관으로 수학을 잘하는 아이들이 가지고 있는 4가지 공통적인 특징을 살펴볼 필요가 있습니다.

첫 번째, 노력하면 충분히 수학을 잘할 수 있다고 생각합니다.

두 번째, 한 문제에 대해서 끝까지 고민하며 풀어보려고 합니다.

세 번째, 본인만의 수학 공부 루틴이 있습니다.

네 번째, 이해가 안 가는 부분은 제대로 이해하고 넘어갑니다.

이 4가지 학습 습관을 갖는 것을 목표로 잡고 두 학생들의 사례에 대해 같이 고민해보겠습니다.

우선 유경이처럼 아이가 과제를 하기 싫어하면 대다수 부모님들은 학원에 연락하여 숙제를 줄여달라는 부탁을 하십니다. 그러나 과제량을 지속적으로 줄여만 간다면 수학 실력이 향상되기는 어렵습니다.

이때, 우선 아이가 해당 숙제에 대한 개념 이해가 제대로 되었는지, 과제 난도는 아이에게 적당한지 파악하는 것이 중요합니다. 그리고 나서 아이만의 수학 공부 루틴을 만들어주어야 합니다. 아이가 최대한 집중할 수 있는 시간으로 수학 루틴에 따라 숙제를 진행할 수 있도록 습관을 잡아주는 것이 필요합니다. 하루에 너무 많이 할 일을 정해주면 오래 지속되기 힘듦으로, 한두 가지 정도로 단순하게 루틴을 만들어줍니다. 아이가 버거워 한다면 반드시 매일 수학 공부를 할 필요는 없습니다. 저학년의 경우, 집중할 수 있는 시간이 짧은 것을 고려하여 루틴을 잡아줍니다.

시기	루틴
초등학교 1~2학년	40분*5일 혹은 60분*3일
초등학교 3~4학년	60분*5 혹은 90분*3일
초등학교 5~6학년	90분*5 혹은 120분*3일

진수의 경우처럼, 만약 아이가 엄마와 기본서를 풀고 있다면 단계를 높여서 어려운 문제를 어떻게 해결하는지 지켜볼 필요가 있습니다. 예를 들어 제일 난도가 낮은 교재를 기준으로 정답률이 각각 다음과 같다고 가정해봅시다.

1단계 기본 : 80%

2단계 응용 : 60%

3단계 최상위 : 40%

최상위 수학을 풀 때, 정답률 못지않게 아이의 태도를 눈여겨봐야 합니다. 정답률은 높지 않아도 스트레스를 받지 않고 집중하여 잘 푼다면 2단계 학습과 추후 한 학기 이상의 선행학습이 가능하다고 판단하셔도 좋습니다. 이런 아이의 경우, 응용 교재에서 단순 연산 문제를 제외한 유형 문제를 충분히 다뤄보고, 고난도 문제를 혼자 힘으로 해결하도록 지도합니다.

또한 주기적인 외부 평가를 통한 동기부여가 필요합니다. 처음부터 너무 욕심 내지 말고 하루에 10~20분이라도 꾸준히 습관을 들이는 것이 중요합니다. 일주일에 한두 번 몰아서 한다고 실력이 느는 것은 아닙니다. 오히려 역효과가 날 수 있으니 반드시 주의해야 합니다.

무슨 일이든 공을 들이지 않고 공짜로 얻어질 수 있는 일은 없죠. 학원에 보내더라도 엄마표 수학은 어느 정도는 필요합니다. 아이에 대해서 가장 많이 알고, 관심을 가지는 것은 바로 부모님이기 때문입니다.

수학 몰입 핵심 포인트

수학 몰입습관을 만들기 위해서 아이에게 필요한 것은
티칭이 아니라 코칭입니다.
학원에 보내더라도 엄마표 수학은 어느 정도 필요합니다.
우리 아이에게 아래 4가지의 학습 습관을 갖는 것을 목표로 잡습니다.

첫 번째, 노력하면 충분히 수학을 잘할 수 있다고 생각합니다.
두 번째, 한 문제에 대해서 끝까지 고민하며 풀어보려고 합니다.
세 번째, 본인만의 수학 공부 루틴이 있습니다.
네 번째, 이해가 안 가는 부분은 제대로 이해하고 넘어갑니다.

학원도 수학 점수를 보장하지는 않는다

대부분 수학 학원을 보내는 부모님들은 아이의 표면적인 모습만 보고 수학을 잘하고 있다고 생각합니다. 그러나 수학 학원이 아이의 수학 몰입을 방해할 수도 있다는 점을 알아야 합니다.

학원의 수업 방식을 살펴볼 필요가 있습니다. 모르는 부분을 바로바로 설명해 주는 방식이라면 아이에게는 독이 될 수 있기 때문입니다. 또한 정해진 진도가 있기 때문에 아이에게 많은 시간을 줄 수는 없을 것입니다.

그렇다면 수학 학원을 현명하게 활용하면서 아이의 수학 몰입 습관을 만들어주려면 어떻게 해야 할까요? 아영이와 준영이의 사례를 들어 살펴봅시다.

아영이와 준영이는 초등학교 때까지 학교 시험 수학 점수가 잘 나왔습니다. 부모님들은 큰 문제가 없다고 생각했습니다. 중학교 때도 시험이 어려우면 성적이 안 나오다가 바짝 열심히 준비하면 다시 좋은 점수가 나왔습니다. 때문에 크게 걱정하지 않았습니다. 그러나 고등학교에 간 후 아이들의 수학 점수는 형편이 없었습니다. 중학교 때처럼 바짝 열심히 해도 성적은 오르지 않았습니다.

아영이와 준영이와 같은 아이들은 주변에서 흔히 볼 수 있습니다. 왜냐하면 초등학교 수학 시험은 매우 쉽기 때문입니다. 학생들 대부분 100점 혹은 90점 이상을 받습니다. 80점 이하의 점수를 받아도 단원평가로 끝나는 경우가 많아서 부모님들이 학생의 수학 성적을 모르는 경우가 많습니다. 그래서 부모님들은 내 아이가 수학을 잘한다고 착각합니다. 중학교의 경우도 시험 문제를 어렵게 내는 중학교도 있지만, 대부분 쉽게 냅니다. 그러다 고등학생이 되면 수학 문제와 시험의 난도는 급격히 올라가니 점수가 떨어지는 것입니다.

학원에서 아무리 많이 시켜도 몰입이 없으면 소용없다

아영이와 준영이의 문제를 해결하려면 초등 시기로 거슬러 올라가야 합니다. 수학 학습 상황을 자세히 살펴볼 필요가 있습니다.

(1) 초5 아영이는 수학 학원을 매일 50분씩 다니고 있습니다. 집에서 숙제하는 모습을 거의 볼 수 없습니다. 숙제가 없냐고 하면 학교에서 했다고 합니다.

아영이는 습관적으로 숙제를 대충대충 하였습니다. 숙제를 빠르게 대충 해가고 모르는 문제는 선생님 설명을 듣고 해결합니다. 제대로 이해도 못 한 채 넘어간 문제도 부지기수입니다.

(2) 초6 준영이는 수학 학원을 2시간씩 주3일 가고 있습니다. 집에서 늦은 시간까지 숙제를 하느라 정신이 없습니다. 숙제양이 많아서 아이는 힘들어하지만 부모님은 준영이가 열심히 수학 공부를 하는 것 같아 안심이 됩니다.

준영이는 선행학습을 병행하느라 많은 양의 숙제를 하면서 시간을 보냈습니다. 아영이와 마찬가지로 많은 양의 숙제를 하느라 빠르게 대충대충 수학 공부 하는 습관을 가지고 있었습니다. 제대로 이해 못 하고 넘어간 문제가 많은 것도 공통점입니다.

학원을 다니면서 수학 몰입 습관을 만들기 위해서는 우선 숙제를 최대한 몰입하여 할 수 있는 환경을 만들어 주어야 합니다. 초등 시기에 문제를 얼마나 푸느냐, 얼마나 정답을 맞히느냐에만 집착하는 학원을 다녔다면 그 부작용은 고등학교 시험에서 드러날 것입니다.

때문에 수학 학원을 다닌다면 반드시 아이의 학습 상황을 담당 선생님과 주기적으로 상담할 필요가 있습니다. 학습량도 중요하지만, 많은 학습량을 쳐내느라 개념 이해에 소홀하지 않은지, 문제풀이에 급급하여 충분한 시간을 들이지 못하는 것은 아닌지 체크해야 합니다. 과제를 제대로 해가고 있는지, 아이가 충분히 수학 문제를 고민하려는 자세를 갖고 있는지 소통을 통해 아이의 학습 수준을 지속적으로 체크해 나가야 합니다. 또한 선행을 할 경우, 수학에 충분히 몰입할 수 있는 자기 학년의 심화학습과 병행할 수 있는지를 체크한 후 무리가 되지 않는 선에서 진행할 필요가 있습니다.

수학 몰입 핵심 포인트 ✏️

학원을 다니는 경우, 우리 아이의 학습수준과
성향을 확실히 파악하는 것이 더욱 중요합니다.
표면적인 모습만 보고 수학을 잘하고 있다고
잘못 판단할 수 있기 때문입니다.
이를 위해 아이의 학습 상황을
담당 선생님과 주기적으로 소통해야 합니다.
수학 몰입 습관을 만들기 위해서는 학원 과제를
최대한 몰입하여 해나갈 수 있는 환경을 만들어 주어야 합니다.
또한 선행학습에 밀려 심화학습이 부족한 것은 아닌지
지속적인 체크가 필요합니다.

수학적 발견의 원동력은
논리적인 추론이 아니고
상상력이다.

- 오거스터드 드 모르간

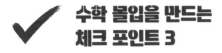

수학 몰입을 만드는
체크 포인트 3

우리 아이 수학 학습 상황에 대해 얼마나 알고 있는지 점검해봅시다.

1. 우리 아이는 수학 몰입 루틴을 가지고 있나요?

 ① 충분한 시간을 가지고 수학 몰입을 하고 있다.

 ② 간헐적으로 수학 몰입 시간을 갖고 있다.

 ③ 수학에 몰입하는 경험을 거의 한 적이 없다.

2. 우리 아이가 수학 몰입 습관을 가지고 있나요?

3. 우리 아이가 고등 수학도 어렵지 않게 공부하려면
   어떤 방법으로 공부해야 한다고 생각하나요?

4. 우리 아이가 제일 자신 있는 수학 단원은 무엇입니까?

5. 우리 아이가 제일 취약한 수학 단원은 무엇입니까?

다양한 전문가들의 교육정보는
다양한 시각을 갖도록 해줍니다.
하지만 가장 중요한 것은
내 아이의 성향과 학습능력을
정확하게 파악하는 것입니다.
앞으로 우리 아이 수학 몰입을 위해
개선할 수 있는 사항을 3가지만 적어봅시다.

**수학 몰입 핵심
저자 직강!**

MATH FLOW

수포자도 부활시키는
수학 몰입 공부법

MATH FLOW

수학을 포기하고 싶어 하는 혹은 포기한 아이들도 수학을 잘할 수 있을까요? 당연히 가능합니다. 수학은 티칭보다 코칭이 중요한 과목이기 때문입니다. 중요한 것은 아이들을 가르치는 선생님의 의지이고 부모님의 믿음입니다. 아이가 스스로 개념을 이해하고 아주 간단한 수학 문제부터 차례로 해결해 가면서 수학 몰입 경험을 하게 하는 것이 중요합니다. 무엇보다 수학 공부를 잘하고 싶다는 아이의 의지가 중요합니다. 수학 공부는 스스로 해야 하기 때문입니다.

16 하루에 딱 한 문제!
약한 몰입 공부법 7단계

작은 일도 꾸준히 하다 보면 큰 결과를 가져온다

'우리 아이는 한시도 가만히 있지를 못해요.'

'우리 아이는 수학을 싫어해요.'

많은 부모님들께서 걱정하시는 부분입니다. 산만하고 수학 공부를 싫어하는 아이들에게 어떻게 하면 스스로 수학을 공부하고자 하는 마음을 심어줄 수 있을까요?

하루에 딱 한 문제씩부터 시작하면 됩니다. 최대한 적은 양의 수학 학

4장 수포자도 부활시키는 수학 몰입 공부법

습부터 시작하는 것입니다. 이때 한 문제는 아이 학습 수준에서 별 생각 없이 후딱 해낼 수 있는 정도여야 합니다. 수학 공부를 안 하던 친구라면 '이 정도면 나도 할 수 있겠다'는 생각이 들 정도의 난도가 많이 높지 않은 문제로 시작해야 합니다. 문제가 너무 어려울 경우, 며칠은 할 수 있겠지만 곧 이 핑계 저 핑계로 안 할 궁리만 하게 됩니다.

당장의 결과물은 초라할 수도 있습니다. 그러나 아이와 상의해서 아주 조금씩 학습량을 늘리되 그것을 매일 주기적으로 공부하도록 하는 것이 습관을 잡는 데 가장 중요합니다. 그냥 밥 먹듯이 소소한 공부를 조금씩 꾸준히 해나가면 됩니다.

아이가 어릴수록 처음에는 부모가 많은 부분을 관여해야 하는 것이 사실이지만, 그렇다고 모든 것에 다 관여하려고 해서는 안 됩니다. 아이 스스로 해냈다는 성취감을 가질 수 있도록 기다려 주는 것 또한 중요합니다. 칭찬 스티커와 셀프 스터디 플래너를 활용하는 것도 도움이 됩니다. 계획표를 세워두고 본인이 해야 할 일을 체크하면서 성취감을 느끼게 하는 것이죠. 체크리스트를 만들어 그날 공부한 것이 잘 이루어졌는지 표시하고 짤막한 그날의 평가를 쓰는 것도 추천합니다.

처음 3주간 빠짐없이 지켜야 습관이 루틴이 됩니다. 3주를 지켜야 한다고 생각하면 꽤 막막할지 모르지만 이렇게 하루하루 기록하며 묵묵히 해나가면 생각보다 3주가 금방 오기도 하고 진짜 습관이 몸에 배기까지

합니다.

하루 한 문제 약한 몰입 공부법의 가장 중요한 점은 수학 몰입 공부의 즐거움을 스스로 알게 하는 것입니다. 3일을 해내고 하루 정도 무너져도 괜찮습니다. 여기서 핵심은 그 다음 날 다시 시작하는 것입니다. 주말은 보충하는 시간으로 하여 여유롭게 계획을 잡으면, 하루 정도 무너지는 것은 아무 문제가 없습니다. 무리한 계획은 오히려 중도 포기를 부릅니다.

하루 한 문제 수학 몰입 습관을 만드는 7단계 법칙

1. 수학 문제는 아이가 정한다.

2. 주말이나 여유 있는 시간에 미리 일주일치 문제를 정해놓는다.

3. 시간을 최대한 구체적으로 잡는다.

4. 하루 한 문제를 풀고 나면 스티커를 붙인다. (+ 엄마의 격한 칭찬은 필수)

5. 최대한 미루지 않는다. 못 할 것 같은 날이 있다면 미리 한다.

6. 매일 체크리스트를 기록한다.

7. 목표를 달성하면 보상을 준다.

7단계 법칙에 더해 팁을 드리자면, 잘한다고 해서 문제를 추가하지 않는 것입니다. 생각했던 것보다 빨리 풀어냈다고 해서 갑자기 문제를 추가하면 아이들은 집중하여 생각하지 않게 됩니다. 대충 풀거나 심지어 풀지 않고 답을 찍기도 합니다. 이런 공부는 습관이 되기 쉬우므로 계기를 만들어줘서는 안 됩니다. 무엇보다 아이와 상의해서 정한 원칙을 깨면, 아이는 부모를 신뢰하지 않게 됩니다.

하루에 5분이라도 한 문제에 집중하는 몰입 시간을 가질 수 있다면 대단한 것입니다. 약한 몰입 공부법의 목표는 사춘기가 오기 전에 아이가 수학에 몰입하는 습관을 일상으로 여기고 수학에 자신감을 갖게 하는 것입니다.

처음 1년은 엄마랑 함께하고, 그 다음 1년쯤은 엄마가 옆에서 지켜보고, 그다음 1년쯤은 엄마는 '수학 공부 했니?' 물어봐주는 정도로만 관여하고, 그다음 1년쯤은 스스로 하고 있나 확인합니다. 이렇게 초등학교 입학하고 4~5년 정도의 시간을 보내면 아이는 수학 학습을 혼자의 힘으로 해낼 수 있습니다.

스스로 몰입하는 습관을 가질 때까지는 시간의 힘이 필요합니다. 일단 몰입도가 올라가면 수학 공부하는 것이 그다지 힘들지 않습니다. 오히려 수학에 대한 긍정적인 감정을 느껴 학습 효율도 올라갑니다. 이것이 수학 몰입이 주는 선물이자 즐거운 수학 공부의 시작입니다.

산만하고 수학을 안 좋아하는 아이들의 경우

하루 한 문제로 시작합니다.

하루 한 문제를 꾸준히 몰입하다 보면

수학 몰입의 즐거움을 알게 됩니다.

하루 한 문제 약한 몰입 공부법의 목표는

아이가 수학에 몰입하는 습관을 일상으로 여기고

수학에 자신감을 갖게 하는 것입니다.

17 티칭보다 코칭하라! 문제집 120% 활용법

별표 친 문제, 언제까지 대신 풀어줄 것인가?

많은 아이들이 수학 학습에서 가지고 있는 가장 큰 습관은 '문제가 길어지거나 조금 어려운 문제가 나오면 별표를 하고 넘기는 것'입니다. 스스로 고민해보자고 해도 전혀 모르겠다고 하죠.

모든 별표 친 문제를 선생님이나 부모님이 일방적으로 풀어주면 당장은 알아듣는 듯 보입니다. 하지만 비슷한 문제가 나오면 또 별표를 치고 선생님 풀이를 기다립니다. 이때부터 선생님, 부모님의 고민이 시작됩니다. 쉬운 문제만 가르칠 수도 없고 그렇다고 다 풀어주기만 하는 방식으로는 실력이 나아질 수 없기 때문입니다.

이럴 경우 아이가 어려움을 느끼는 별표 친 문제 중 하나의 유형만 골라보는 것이 좋습니다. 그것부터 아이가 스스로 풀어나갈 수 있도록 힘을 길러 주는 것입니다. 문제집에 있는 모든 문제를 풀어내야 한다는 생각은 안 그래도 수학을 어려워하는 아이에게 부담이 됩니다.

"별표 친 문제 중에 오늘은 한 가지 유형만 스스로 풀어보자."

이렇게 말하면 아이의 부담이 줄어듭니다. 그리고 오늘 해결해야 할 한 가지 응용 문제를 스스로 해결해 낼 수 있도록 힌트를 줍니다. 처음 두 발 자전거를 배울 때 보조바퀴를 달고 자전거를 배우는 것과 같습니다. 힌트를 받아서 문제를 해결했다면 그다음 날은 같은 유형의 문제로 다시 스스로 풀어보도록 합니다. 이렇게 한 유형 한 유형 아이 스스로 별표 친 문제들을 해결해나갈 수 있도록 하는 것이 중요합니다.

여러 난도의 문제집을 유연하게 공략하라

아이들은 어릴수록 인정욕구가 큽니다. 잘한다는 칭찬을 들을 수 있는 행동을 더 하려는 경향이 큽니다. 반대로 못한다는 얘기를 들으면 회피하고 싶어 합니다.

그래서 기억해야 할 것은, 우리 아이의 교재 난도가 현재 우리 아이 수학 실력이 아니라는 점입니다. 이것을 기억하면 교재 난도에 집착하지 않게 되어 문제집을 더 유연하게 활용할 수 있습니다.

쉬운 난도부터 어려운 난도까지 한 권 한 권 단조롭게 풀어나가는 방식에서 벗어나, 여러 난도나 유형의 문제집을 넓게 보고 활용할 수 있게 되는 것입니다. 예를 들어 쉬운 난도의 교재에서 아이가 어려워하는 응용 유형의 문제만 선별할 수도 있습니다. 어려워했던 문제가 쉽게 풀리면 아이는 재미를 느낄 것입니다. 높은 난도의 교재에서 아이가 비교적 수월하게 해낼 수 있는 문제를 선택하여 풀게 하면, '이렇게 어려운 교재의 문제도 풀 수 있었구나!' 하는 식으로 자신감을 갖게 될 것입니다.

5년 후 우리 아이 수학 실력을 위해
생각하는 힘을 키워주라

수학은 티칭보다 코칭이 중요한 과목입니다. 왜냐하면 아이들은 쉬운 문제만 반복적으로 풀고 싶어 하기 때문입니다. 아이가 스스로 난도를 높여가면서 생각하는 힘을 확장하기는 어렵습니다. 아이에 대한 객관적인 평가를 주기적으로 진행하는 것이 필요한 이유이기도 합니다.

나이가 어릴수록 아이들의 수학 실력은 비슷비슷합니다. 그러나 이 아이들 중 어떤 아이들은 응용 문제를 풀어낼 수 있도록 지속적인 몰입 훈련을 하고, 어떤 아이들은 응용 문제를 어려워한다는 이유로 기본적인 문제만 해결하는 방식의 공부를 합니다. 이렇게 5년이 지나면 아이들의 수학 실력은 하늘과 땅 차이가 날 수밖에 없습니다.

중요한 것은 아이들을 가르치는 선생님의 의지이고 부모님의 믿음입니다. 우리 아이의 현재 학습 수준에서 큰 힘을 들이지 않고 서서히 생각하는 힘을 키워갈 수 있도록 지도하는 것이 중요합니다.

수학 몰입 핵심 포인트

응용 문제를 어려워 하는 아이일수록
티칭보다 코칭이 중요합니다.
별표 친 문제를 일방적으로 풀어주는 방식으로는
실력이 나아질 수 없습니다.
우리 아이가 생각하는 힘을 키워갈 수 있도록 하려면
한 가지 유형이라도 자기 힘으로 풀어나가도록 합니다.
적절한 힌트를 주어서 스스로 풀어냈다는 성취감을 느끼도록 해야 합니다.

18 수포자도 부활시키는
90일 수학 몰입 공부법

수포자에서 탈출한 서진이는 90일간 어떻게 공부했을까?

최근에는 초4부터 수포자가 나온다고 합니다. 수포자여도 학년이 낮을 때는 그런대로 수월하게 다시 수학을 공부할 수 있습니다. 다시 공부할 양이 많지 않기 때문입니다. 하지만 중3 이상이 되면 다시 수학을 시작할 엄두가 나지 않을 것입니다. 이미 놓쳐서 다시 공부해야 할 양이 너무 많기 때문입니다.

사례를 통해 중3 이상의 아이들이 어떻게 하면 수학 몰입 공부법으로 수포자에서 탈출할 수 있는지 알아보겠습니다.

서진이는 중3 1학기 인수분해를 공부하면서 수학을 포기했었습니다. 아이들이 수포자가 되는 대부분의 이유는 대수과정에 있습니다. 중학교 1학년, 2학년, 3학년의 1학기에 배우는 대수과정은 수, 식, 방정식, 부등식, 함수 단원들입니다.

이렇게 수학을 어려워하는 학생들 대부분은 수학을 스스로 혼자서 공부하기 힘들어 합니다. 서진이도 30분 이상 혼자 문제 푸는 것을 힘들어 했습니다. 서진이는 9월부터 90일 동안 하루 1시간, 중1 1학기 과정부터 몰입하여 스스로 해결하기 시작했습니다. 개념을 스스로 읽고 읽은 내용을 바탕으로 스스로 문제에 몰입했습니다. 이렇게 서진이의 수학 공부는 12월에 마무리되었습니다. 1월부터 고등학교 1학년 수학인 수학 상 과정을 공부하는 데 무리가 없었습니다.

제1원칙, 아이가 스스로 개념을 이해하고 문제를 풀게 한다

학년이 올라갈수록 극복하는 데 기간의 차이는 있을 수 있습니다. 그러나 우선 현재 학년 전 단계 과정을 스스로 몰입하여 다시 공부하면 됩니다. 교재는 아이의 수준에 맞는 교재로 선정하되 개념설명이 최대한 쉽고 자세히 나와 있는 것이 좋습니다. 개념을 확인하는 문제부터 응용

문제까지 아이가 스스로 해결하는 것을 원칙으로 합니다.

이때 선생님이나 부모님은 가르치기보다, 아이가 아무리 고민해 봐도 모르겠다고 했을 때 최소한의 도움만을 주는 것이 좋습니다. 선생님과 부모님은 습관을 잡을 때까지 도와주고 기다려주면 됩니다.

아이가 스스로 개념을 이해하고 아주 간단한 수학 문제부터 차례로 해결해 가면서 수학 몰입 경험을 하는 것이 중요합니다. 수학 공부는 스스로 해야 하기 때문입니다.

이 원칙을 가지고 90일의 기간 동안 공부를 지속한다면 수학 몰입 습관을 루틴으로 만들 수 있습니다. 무엇보다 가장 중요한 것은 수학 공부를 잘하고 싶다는 아이의 의지일 것입니다.

아이들이 수포자가 되는 대부분의 이유는 대수 과정에 있습니다.

개념 설명이 최대한 쉽고 자세히 나와 있는 교재로

스스로 읽고 문제에 몰입합니다.

개념을 확인하는 문제부터 응용 문제까지

아이가 스스로 해결하는 것을 원칙으로 합니다.

이때 선생님이나 부모님은 가르치기보다,

아이가 아무리 고민해 봐도 모르겠다고 했을 때

최소한의 도움만을 주는 것이 좋습니다.

선생님과 부모님은 습관을 잡을 때까지

도와주고 기다려주면 됩니다.

포기해야겠다는 생각이 들 때야말로
성공에 가까워진 때이다.

– 밥 파슨스

수학 고민 해결의 골든 타임, 방학 활용법

방학 동안 임계점을 돌파하라!

수학 몰입 공부법이 힘든 이유는 몰입 시간을 채우기 전까지는 수학 실력의 변화가 거의 느껴지지 않기 때문입니다. 수학 실력은 계단식으로 발전합니다. 바로 어느 한계점에 도달하기 전까지는 전혀 반응이 없다가 그 한계점에 이르러서야 비로소 급격한 변화를 보이는 '임계효과'가 그대로 보여집니다. 그런데 이때 첫 번째 계단까지 가기 위한 임계점에 도달해야지만 수학에 자신감이 생깁니다.

따라서 수학의 자신감을 얻기 위해서는 최소한의 수학 몰입 시간을 채

워야만 합니다. 물이 100도가 되어야 끓어오르듯, 보온만으로는 밥이 되지 않듯, 주도적인 시간이 필요합니다. 방학이라는 시간을 통해 충분한 수학 몰입 시간을 확보해야 합니다. 이때, 가장 중요한 것은 주도적으로 수학 문제에 몰입할 수 있도록 해야 한다는 점입니다.

방학 기간 학습 목표를 정하라

방학 기간 동안 수학 실력을 확실히 높이기 위해서는 방학 전에 미리 아이와 이번 방학 학습 목표를 정해야 합니다. 학습 목표를 정했다면 매일 실천해야 할 사항을 구체적으로 정리해 보도록 합니다. 결정한 사항을 제대로 실천하였다면 칭찬 스티커 및 아이가 원하는 방식으로 보상을 해줍니다.

학습목표	실천사항	몰입 기대 효과
도형 단원 자신감 갖기	매일 1가지 도형에 대해 스스로 공부해보고 엄마에게 설명하기 또는 노트에 정리해보기	아이가 어려워하는 단원에 대해 충분히 몰입하여 고민해 봄으로써 학습 공백을 메울 수 있습니다.
모르는 문제 스스로 고민하는 습관 들이기	매일 3문제씩 응용 문제에 대해 엄마와 스무고개 퀴즈 게임 형식으로 문제에 대한 힌트를 받으며 스스로 해결해보기. 고학년의 경우 해설지를 활용	학기 중에는 충분한 몰입시간을 갖기 힘듭니다. 방학 기간 동안 아이의 학습수준보다 높은 문제들을 스스로 풀어봄으로써 응용 문제에 대한 자신감을 갖도록 합니다.

실수하는 습관 고치기	하루에 10문제씩 이미 공부한 문제집에서 실수로 틀린 문제들을 다시 풀어보고 포스트 잇을 활용하여 각 문제마다 틀린 이유를 적어보기	항상 새로운 문제로 수학 몰입 문제를 시도할 필요는 없습니다. 풀이를 기억하기보다 다양한 각도에서 틀렸던 문제를 고민해 보는 시간을 갖는 것이 중요합니다.
새학기 배울 개념에 대해 미리 고민해 보고 예습하기	다음 학기 공부하게 될 개념과 공식에 대해 하루 1가지씩 미리 고민해보고 엄마에게 설명해보는 시간 갖기 또는 노트에 정리해 보기	수학 문제에 제대로 몰입하려면 해당 개념에 대해 충분히 이해해야 합니다. 새로운 개념도 듣는 방식이 아닌 스스로 먼저 이해해 보는 시간이 필요합니다.

수학 실력을 키울 골든 타임, 방학 활용법!

방학 동안 수학 몰입 공부법의 원칙을 구체적으로 알아보겠습니다.

1. 되도록 매일 꾸준히 혼자 힘으로 최소 1시간 이상을 몰입한다.

2. 스케줄은 최소로 하고 동선도 최대한 줄인다.

3. 수면 시간은 충분히 확보한다.

4. 게임, 유튜브, TV 등 자극적인 환경에 노출을 자제한다.

5. 제일 머리가 맑은 오전이나 모든 바쁜 일정을 끝내고 아이의 컨디션이

   가장 좋은 시간대로 정한다.

6. 선생님이나 부모님은 최소한만 학습에 관여해야 한다.

방학을 이용하여 체험학습 및 다양한 활동을 하는 것은 필요합니다. 하지만 고학년일수록 방학 기간은 수학학습에 있어서 너무나 중요합니다. 왜냐하면 적은 공부량으로는 수학 실력이 향상될 수 없기 때문입니다.

"미래를 예측하는 가장 좋은 방법은 미래를 결정하는 것이다."

– 피터 드러커

획기적인 수학 실력 향상을 원한다면 방학을 이용해 충분한 수학 몰입 시간을 가져야 합니다. 바쁜 학기 중에는 한계가 있습니다. 방학이야말로 우리 아이의 수학 공부 고민을 해결할 수 있는 최적기이기 때문입니다.

수학 몰입 핵심 포인트

방학은 수학 실력을 획기적으로 향상시킬 수 있는 골든 타임입니다.
고학년일수록 다양한 활동을 하기보다
동선을 단순화하여 충분한 수학 몰입 시간을 갖는 것이 필요합니다.
수학 몰입 능력을 키우기 위한 학습 목표를
아이와 상의하여 방학 전에 미리 정합니다.
방학은 몰입시간을 충분히 확보할 수 있기 때문에
수학 공부 고민을 충분히 해결할 수 있습니다.

20 몰입 문제 활용 자주 묻는 질문 5가지

질문 1.

아이가 생각을 해야 하는 문제가 나오면 별표를 하고 넘어가는데
수학 몰입을 할 수 있을까요?

굳이 처음부터 어려운 문제로 아이를 주눅 들게 할 필요는 없습니다.
처음에는 아이 학습 수준에 어렵지 않게 해결할 수 있는 간단한 문제들
로 시작하는 것이 좋습니다. 아이가 70~80%의 정답률로 해결할 수 있
는 문제집이 좋습니다.

문제집에 풀이 과정을 꼼꼼히 써야 하나요?

풀이 과정을 쓰는 연습은 매우 중요합니다. 하지만 처음부터 모든 문제의 풀이를 꼼꼼하게 쓰도록 지도한다면 수학에 대한 흥미가 떨어질 수 있습니다. 계산 실수를 체크하는 데 도움이 될 만한 문제 위주로 풀이 과정을 쓰도록 하는 것이 좋습니다.

질문 3.

틀린 문제를 다시 풀어야 할까요?

틀린 문제는 다시 풀어보는 것이 좋습니다. 물론 오답노트를 만드는 게 가장 좋습니다. 그러나 그럴 시간이 없다면 틀린 문제의 정답을 포스트잇으로 가리고 다시 풀어보도록 하면 됩니다. 중요한 것은 틀린 문제를 다시 풀어보는 시간입니다.

질문 4.

문제집을 처음부터 끝까지 다 풀어야 할까요?

한 문제집을 마무리한다는 생각보다는 아이가 수학에 몰입할 수 있는 좋은 문제를 선별한다는 마음으로 문제집을 구입하는 것이 좋습니다. 10문제 중에 6~7문제를 맞출 수 있는 교재를 골라서 아이가 별표를 표시할 만한 3~4문제를 몰입 문제로 골라 보는 것도 방법이 될 수 있습니다. 점차적으로 난도 있는 수학 문제들을 차근차근 접하면서 여러 방식과 방향으로 풀어보는 경험을 쌓는 것이 중요합니다.

질문 5.

우리 아이는 생각을 전혀 안 하려고 해요. 어떻게 하죠?

스토쿠나 다양한 퍼즐 또는 다양한 보드게임을 활용하면 생각하는 힘을 키워줍니다. 이때 답답하다고 대신 문제를 해결해주면 안 됩니다. 좀 서툴더라도 지켜봐주어야 합니다.

보드게임	인원	소요 시간	효과	방법
헥서스	2~4명	30분 내외	공간사고력 향상	큐브를 색깔별로 가운데에 쌓아놓고 주변에 칩을 엎어놓습니다. 주사위 숫자에 해당하는 칩을 뒤집어 그려져 있는 큐브 도형을 가지고 와서 내 기지에 쌓아서 3*3*3의 정육면체를 만들면 승리합니다.
블로커스	2~4명	30분 내외	문제 해결 능력 향상	도형 조각을 색깔별로 나눈 뒤, 각 꼭지점에서 시작하여 번갈아가며 블록을 내려놓습니다.
3D 블로커스	2~4명	30분 내외	공간사고력 향상	회전판 위에 도형을 색깔별로 번갈아가며 쌓은 후, 게임 종료 시 위에서 내려다보았을 때 가장 많은 색이 보이는 사람이 승리합니다.
루미큐브	2~4명	30분 이상	기억력, 문제 해결 능력 향상	숫자가 적힌 타일을 14개씩 나누어 가진 후, 나머지는 테이블에 엎어 놓습니다. 모양이 같고 올림차순의 숫자 4개, 또는 모양이 다르고 똑같은 숫자 4개를 내려놓아 타일을 줄여갑니다. 자신의 타일을 가장 빨리 없애는 사람이 승리합니다.
세트	1명 이상	15분 전후	집중력 향상	9장의 카드를 놓고 색깔, 명암, 모양 등이 모두 같거나 다른 3장의 카드를 찾아내어 세트를 외칩니다. 게임 종료 시 가장 많은 카드를 확보한 사람이 승리합니다.
러시아워	1인	30분 내외	집중력 향상	주인공 자동차인 빨간색 자동차가 출구로 빠져 나올 수 있게 모든 차량을 앞뒤로만 움직여 공간을 만드는 게임입니다.

　　연산문제도 아이가 스스로 고민하면서 해결할 수 있도록 기다려 준다면 수학 몰입 문제가 됩니다. 특히, 초등학교 저학년이라면 연산 기초실력을 다지는 데 집중하는 것이 좋습니다. 우리 아이에게 맞는 수학 몰입 문제를 지도할 때는 장기적인 관점에서 차근차근 실천해 나가도록 도와

주는 것이 최선임을 잊지 않아야 할 것입니다.

수학 자신감을 심어주는 것이 포인트다

어떤 문제집을 활용하든, 어떤 문제를 얼마나 풀든 중요한 것은 아이가 쉽게 도전할 수 있는 수준의 문제부터 점진적으로 다음 단계의 문제집으로 난도를 높이는 것입니다. 선행을 하고 있는 초등학생의 경우는 선행 학년이 아닌 해당 학년의 심화사고력 문제집이나 경시 문제집에서 문제를 고르는 것이 좋습니다. 아이의 수준에 맞으면서도 생각하는 힘을 길러 주는 문제를 선택해야 한다는 것입니다.

아이 스스로 '난 이렇게 어려운 문제는 못 풀어.'라는 생각 대신 '고민해 보면 어렵지 않게 풀 수 있을지도 몰라.'라고 생각을 바꾸는 것이 중요합니다. 어려워하는 문제 유형의 가장 기본이 되는 비슷한 유형의 문제부터 차근차근 해결해 보도록 하면 됩니다. 만약 단원별로 아이의 성취도 차이가 크다면 한 권의 문제집을 다 풀기보다 아이에게 필요한 부분 위주로 골라 주는 것도 좋은 방법입니다.

스스로 해결하는 게 힘들어 보인다면 힌트를 주면서 아이 스스로 풀어 냈다는 성취감을 느끼게 해줍니다. 힌트를 받아 문제를 해결했다면 같은 책을 한 권 더 사는 것도 방법입니다. 처음 한 권은 힌트를 받아서 해결하고 두 번째 책은 스스로 해결해 보는 것이죠. 중요한 것은 어려운 문제에 대한 공포심을 없애는 것입니다. '풀어보니 충분히 내가 해결할 수 있는 문제잖아?'라는 자신감을 갖도록 하는 것이 목표입니다.

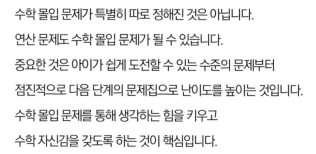

수학 몰입 핵심 포인트

수학 몰입 문제가 특별히 따로 정해진 것은 아닙니다.
연산 문제도 수학 몰입 문제가 될 수 있습니다.
중요한 것은 아이가 쉽게 도전할 수 있는 수준의 문제부터
점진적으로 다음 단계의 문제집으로 난이도를 높이는 것입니다.
수학 몰입 문제를 통해 생각하는 힘을 키우고
수학 자신감을 갖도록 하는 것이 핵심입니다.

사람은 누구나 자기가 할 수 있다고
생각하는 것 이상의 것을 할 수 있습니다.

– 헨리 포드

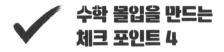

수학 몰입을 만드는
체크 포인트 4

우리 아이 수학 몰입의 기초가 되는 환경을 점검해봅시다.

1. 우리 아이의 수면 시간은 충분한가요?

2. 우리 아이의 스마트폰 사용시간은 얼마나 되나요?

3. 우리 아이가 자극적인 영상은 얼마나 자주 접하나요?
    예) TV, 유튜브, 게임 등

4. 방학 기간 수학 공부는 어떤 방법으로 진행하나요?

5. 방학 기간 수학 몰입 공부 시간은 하루 평균 몇 시간 정도 진행하나요?

방학은 수학 몰입을 통해
수학 실력 향상을 할 수 있는 중요한 시기입니다.
다음 방학 우리 아이 수학 몰입을 위한
학습 목표와 실천사항을 적어봅시다.

수학 몰입 핵심
저자 직강!

MATH FLOW

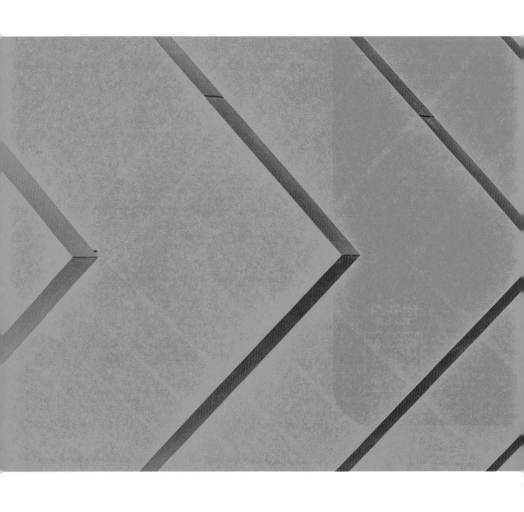

5장

수학 몰입 공부법으로
기적을 만든 아이들

MATH FLOW

수학을 안 좋아하던 초등학생, 수포자 중학생, 내신시험을 50점 받은 고등학생이 수능 수학 1등급을 받았습니다. 평범한 아이도 확실한 목표를 가지고 수학 몰입의 방법을 실천한다면 수학을 잘할 수 있습니다. 책에 수록된 여러 학생의 인터뷰, 수학 몰입 사례를 읽으면서 '나도 수학을 잘할 수 있다, 지금부터 수학을 시작해도 할 수 있다'는 자신감을 갖기 바랍니다.

21 서울대 합격의 비밀, 많이 풀고 다르게 풀어라!

"수학에 몰입하게 되면 주변과 단절된 느낌이 듭니다.

마치 깊은 잠에 들었을 때 주변의 소음에 무감각해지는 것처럼

수학 문제 외의 일에 관심이 가지 않아요."

수학 최저 성적
64점 / 4등급

수학 최고 성적
100점 / 1등급

많이 하면 잘하게 되고,

잘하면 더 어려운 걸 하고 싶어진다!

수학이 재미있다고 처음 느꼈던 것은 제가 고1 첫 모의고사에서 수학 전교 1등을 하였을 때였던 것 같습니다. 학교에서 제가 제일 수학을 잘하니 공부 잘하는 친구들이 어려운 문제를 물어보러 오기도 해서 수학 공부를 더 열심히 하게 되었습니다. 학교에도 소문이 나서 자신감도 오르고 친구들에게 알려주는 과정에서 저 또한 많이 얻어가는 것이 많았습니다. 그래서 이후 수학은 쭉 전교권에 머무르게 되었습니다.

사실 처음부터 수학에 대한 큰 흥미가 있었던 것은 아니었습니다. 초등학교 시절에는 문제 공식에 대한 암기로 수학을 받아들여 수학을 싫어했던 적도 있었습니다. 중학교 때는 수업을 따라가는 정도로만 공부를 했었습니다.

수학을 제대로 공부하기 시작한 것은 예비 고1 때부터였습니다. 고등학교에 들어가기 전에 다른 인문계 친구들과 비슷하게 고등 과정 대비를 시작했습니다. 그 당시에 인생에서 수학을 가장 열심히 공부했던 것 같습니다. 방학 내내 수학 학원에서 하루 10시간씩 수학만 들여다보고 공부했습니다. 처음에는 힘들었는데, 많은 문제를 충분한 시간을 가지고 풀다 보니 점점 어려운 문제에 도전하고 싶어졌고, 공부 집중력이 높아지면서 수학 문제에 몰입하기 시작하였던 것 같습니다.

자기 수준을 아는 자기객관화,
그리고 '다르게 푸는 방법'을 고민해보는 것이 중요!

모든 과목이 그렇지만 수학을 공부할 때는 자기 객관화가 중요한 것 같습니다. 자신의 수준에 맞는 문제를 알고 자신이 한 문제(자신의 수준에 적당한)를 푸는 시간이 어느 정도인지를 알고 있어야 할 것 같습니다. 역설적이게 이것은 공부를 어느 정도 해보아야 알 수 있습니다. 저 같은 경우 수학을 공부할 때 적당한 수준의 문제를 기준으로 하루 100문제를 풀려고 노력했습니다. 그리고 간단한 암산이나 익숙해진 문제 유형들의 경우 암산으로 푸는 연습을 하여 문제 푸는 중간중간의 속도를 줄이려고 했던 것 같습니다. 100문제 정도를 매일 풀게 되면 유형별로 풀이가 익숙해지게 되는데 그 이후에는 풀이를 더 간단하게 만들 방법이라든가 다른 더 쉬운 방법들을 고민해보았습니다. 이 고민은 새로운 유형들에 대한 대처와 수학적 사고력이 늘어나는 데에 도움이 되었습니다.

저는 3일 정도 고민한 문제가 있었습니다. 보통은 하루 정도 고민하면 풀렸습니다만 이런 오랫동안 고민해본 경험들이 개인적으로 큰 수학적 자산이 되었습니다.

많은 문제풀이는 기본,

상위권으로 가려면 몰입 경험이 지름길이다!

모든 공부가 그렇듯 일단 순수하게 투자되는 시간에 따라 결과가 나오는 것이 수학이라고 생각합니다. 중위권으로 가고 싶다면 기본기를 잘 다져야 합니다. 모든 유형을 풀어볼 수 있으면 좋겠지만 빈출 유형 정도는 바로바로 풀 수 있을 정도로 문제를 풀어봐야 합니다. 기본적으로 많은 문제풀이 경험을 통해 성적이 잘 나오기 때문입니다.

이후에 상위권으로 가고 싶다면 한 문제를 풀 때 다양한 풀이에 대한 고민이 있어야 한다고 생각합니다. 쉬운 유형이라도 더 쉽게 풀 수 있는 방법을 고민하고 적당한 수준의 유형이라도 다양한 풀이를 알고 있는 것이 수학 실력을 늘리는 일에 대한 지름길이 될 것이라고 생각합니다.

중요한 것은 자신감입니다. 자신감이 생기면 재미있어지고, 실력은 금방 늡니다. 자신감과 재미는 공부를 많이 할수록 느낍니다. 수학도 마찬가지입니다, 이 학생은 수학을 처음부터 좋아했던 것은 아닙니다. 하지만 충분한 몰입 시간을 가짐으로써 수학에 자신감을 갖게 되었습니다.

22 전교 1등을 만든 기적, 기본 원리에 매달려라!

"결국, 기본적인 것은 반복하며 트레이닝하고

문제라는 상대를 마주했을 때 당황하지 않도록 하는 것이

수학 실력을 올릴 수 있는 방법이라고 생각합니다."

수학 최저 성적

88점

수학 최고 성적

100점 / 1등급

경쟁심으로 수학 몰입을 시작하다!

뭐든지 시작할 때 어떻게 시작하느냐에 따라 그것에 대한 인식이 달라진다고 생각합니다. 재미없는 것도 누가 가르치고 누구랑 같이 배우냐에 따라 다른 것처럼 말이죠. 처음 수학을 시작할 때 저는 수학을 달리기 같은 경쟁으로 봤습니다. 누가 더 덧셈을 빨리 해낼 수 있느냐 경쟁하는 것 같았어요. 재밌었습니다. 이러다 보니 수학과 과학에 대한 흥미가 커졌고 즐기게 되었습니다.

고등학교 때는 "내가 이 문제를 해낼 수 있을까?" 하는 의문을 깨는 과정에서 재미를 느꼈습니다. 누구나 어려워할 법한 문제를 도전하고 몇 번을 도전하고 해결하면 힘들었던 만큼 흥미로웠습니다.

수학은 익스트림 스포츠와 같이 어렵고 힘들지만 성과가 있는 도전적인 학문이라고 생각합니다. 어떻게 보면 도전하기 힘들고 대부분 실패하는 어려운 코스의 암벽 등반으로 보이기도 합니다. 수학은 이렇게 느껴질 때 최고의 재미를 주는 것 같습니다.

수학 문제를 풀어내면서

스스로 성장하는 것을 느끼면 더욱 몰입하게 된다!

문제라는 상대를 이기기 위해 발버둥치는 기분으로 공부했습니다. 어느 순간 이기는 것이 수월해지고 분명해지면 스스로 성장한 걸 느꼈습니다. 한 문제에 대해서 최대 2시간 정도 고민하면서 공부했습니다. 하지만 2시간 안에 해결 안 되는 문제도 많았습니다. 결국 해결 못 하고 자리에서 일어나도 계속해서 그 문제를 어떻게 해결해야 할지 생각했고 그러다 방법이 보일 것 같을 때 재도전했습니다. 한 문제를 1주일간 고민했던 적도 있습니다.

수학의 기본 원리부터 제대로 고민해 보는 습관이 중요하다!

수학은 기본 원리부터 고민해 보는 것이 가장 중요하다고 생각합니다. 운동을 처음 배우면 우리가 기존에 알던 호흡법부터 고쳐주기 시작합니다. 기본부터 다지는 것입니다. 복싱을 예를 들면 모든 자세는 호흡부터 가다듬고 발끝부터 손끝까지 차례로 움직인다는 것을 배우고, 몸에 붙을 때까지 익힙니다. 그렇게 되면 상대의 손, 발, 어깨 등의 위치, 타이밍, 호흡 등 눈으로 상대의 움직임이 직감적으로 느껴집니다.

수학도 마찬가지로 기본이 중요합니다. 기본 공식이 어떻게 나오는지 알아야 합니다. 그 공식의 목적을 직감적으로 알 수 있도록 공부합니다. 이런 방식으로 수학 공부를 하면 어떤 과정으로 문제를 해결해야 할지 길이 보입니다.

경쟁형 아이가 수학에 대해 흥미를 가지고 몰입을 한다면 효과는 배가 됩니다. 수학 문제를 오랫동안 고민해서 풀어냈을 때의 짜릿한 쾌감은 큰 자극제가 됩니다. 수학을 통해 익힌 몰입 습관은 결국 다른 과목에도 효과를 보게 됩니다. 공부의 원리는 크게 다르지 않기 때문입니다.

23 암 극복과 의대 합격, 확실한 목표가 먼저다!

"어느 하나에 몰입해서 좋은 성과를 이루어낼 때,

또 다른 좋은 선택의 기회를 얻을 수 있다는 것을 체험하게 됩니다."

수학 최저 성적

중2 중간고사 70점

수학 최고 성적

고교 3년 통합
전과목 등급 1.27
2024 수능 수학 백분율
성적 99%(상위 1%)

수학 공부를 해야 하는 이유가 명확하면
더욱 몰입해서 하게 된다!

중3 겨울방학, 고1 수학을 처음으로 접하게 되면서 수학에 재미를 느끼게 되었습니다. 중3 겨울방학 동안 열심히 고1 선행을 했고 고1 1학기 중간고사와 1학기 기말고사에서 1등급을 받으면서 수학에 대한 자신감이 생겼습니다. 학교에서는 선생님들에게 인정을 받게 되었고 기대주가 되었습니다.

2학기 중간고사 준비 기간 중에 눈에 초점이 맞지 않아 병원에 갔습니다. 검진 결과, 태아 때부터 가지고 있었던 뇌종양이 발병하였다며 뇌암이라는 판정을 받았습니다. 1년간 암병동에서 수술과 항암치료 후 완치가 되어 복학을 했습니다. 완치되리라는 희망이 없던 암울한 시간들을 거쳐 복학하게 되었을 때, 제게는 새로운 삶이 주어졌습니다. 제게 주어진 시간들에 대해 감사하게 되었고 더욱 학업에 집중할 수 있었습니다.

투병 생활을 거치면서 건강에 대한 소중함을 뼈저리게 느꼈고, 의사로서 다른 사람들을 치료하는 사람이 되자는 꿈을 가지게 되었습니다. 다행히도 고3 기간 중에도 건강을 유지하며 의대에 진학할 수 있는 좋은 성적을 냈고, 의대에 진학하게 되었습니다. 고1 때 이루었던 성취가 고등학교 전반의 공부에 좋은 성과를 내는 밑거름이 되었습니다.

깊이 있는 사고의 힘이 고득점의 비결!

저는 고3 9월 모의고사 수학 성적이 77점이었습니다. 2개월밖에 남지 않은 수능, 너무 초조했고 당황스러웠습니다. 그래서 수능 날까지 그간 제가 풀었고 틀렸던 문제들을 재점검했습니다.

① 풀이과정을 일목요연하게 정리하라.

② 개념을 전체적으로 꼼꼼히 점검하라.

③ 깊이 생각하는 시간을 아까워하지 말고, 풀리지 않는 문제에 대해 지속적으로 고민하라.

스킬보다는 깊이 있는 사고의 힘이 고득점의 비결입니다. 저는 한 문제에 10~15분 정도만 고민합니다. 그 자리에서 해결되지 않으면 일단 다른 문제를 풀고 나서 돌아와서 다시 그 문제를 고민합니다. 그렇게 풀리지 않던 문제를 풀어내면 날아갈 것 같은 기분이 됩니다.

저는 처음부터 의대를 희망하지는 않았습니다. 어려운 승부를 하는 데 시간을 쏟기보다 적당히 안정적인 삶을 살고 싶었습니다. 그러나 투병 생활과 노력, 우수한 학업 성취 결과가 저에게 꿈, 그리고 도전을 할 수 있는 계기와 용기를 주었습니다.

확실한 목표는 수학 몰입에서 가장 중요합니다. 아무리 어려운 상황에서도 본인도 놀랄 만한 성과를 내게 됩니다. 평범한 아이도 확실한 목표를 가지고 수학 몰입의 방법을 실천한다면 수학을 잘할 수 있습니다.

내가 성공할 수 있었던 것은
맹렬하게 몰두했기 때문이다.

– 코코 샤넬

24 수포자에서 1등급, 수학 몰입의 쾌감을 경험하라!

"나와 문제만 있는 세계를 경험하며 안도감을 느낍니다.

몰입 시간은 머릿속의 잡다한 생각들이

깨끗이 정리되고 청소되는 시간입니다."

수학 최저 성적

50점
(중2 1학기 중간고사)

수학 최고 성적

100점 / 1등
(현 고2 재학 중, 고1 ~
고2 수학 1등급 유지)

무엇과도 바꿀 수 없는 재미, 수학 몰입의 쾌감을 경험하라!

원래 공부에 큰 관심이 없었습니다. 그러다 중2 때 수학 공부를 하면서 풀이 과정을 답지 풀이처럼 서술하는 연습을 했는데, 그때부터 수학 문제를 푸는 재미를 느끼게 되었습니다.

문제의 조건에 맞는 출제자의 의도를 파악하고 고민하는 과정이 끝나서 문제가 풀렸을 때 느껴지는 쾌감은 무엇과도 바꿀 수 없는 재미를 선사해 주었습니다.

쉽게 해답을 보지 않습니다. 어려운 문제들을 풀 때는 한 문제에 한 시간 이상 매달리기도 합니다. 한 문제 한 문제풀이하면서 시험장에서 모범답안을 작성하듯 했습니다. 문제집 한 권을 끝내는 순간 나만의 풀이집 한 권이 만들어지는 성취감을 느낍니다. 이때 느껴지는 쾌감은 갈수록 수학 공부하는 재미를 느끼게 해주었습니다. 이렇게 공부한 결과 서술형 문제를 두려움 없이 즐기면서 풀 수 있게 되었습니다. 주어진 조건을 빠짐없이 잘 파악하고 풀이과정을 정리하며 기술하고 문제의 뜻에 맞는 답인지 검산하는 과정을 거치는 것이 실수 없이 좋은 성적을 내는 비결입니다.

자신만의 수학 몰입 방법을 찾아라!

수학 성적으로 최고의 성적 향상을 이루어 냈습니다. 덕분에 고2 2학기 기말고사 시험 타 과목의 성적도 만족할 만한 성과가 있었습니다. 이제 고3을 앞두고 있습니다.

적당히 공부해서 적당한 대학 수학과에 진학하여 수학 선생님이 되는 것이 꿈이었는데, 이제 꿈의 크기를 키우려 합니다. 수학 공부를 성공한 경험을 바탕으로 다른 과목 공부도 열심히 하여, 좀 더 높은 대학 수학과에 도전하려 합니다. 대학 진학 후 수학을 전공하면서 수학을 바탕으로 제가 평생 만족하며 할 수 있는 일이 무엇인지 탐색하여 더 높은 꿈을 꾸려 합니다. 앞으로 1년, 제 앞에 놓인 수험 생활의 길이 힘들긴 하겠지만 제가 있는 힘을 다해 제가 이루어낼 수 있는 최상의 성과를 낼 수 있도록 열심히 달리겠습니다.

수학에 흥미를 가지게 되는 계기는 다양합니다. 사춘기의 절정인 중2 시기에도 수학에 흥미를 느낄 수 있습니다. 수학에 대한 흥미를 가지게 된다면 수학 몰입을 자연스럽게 경험하게 됩니다. 이때 충분한 수학 몰입을 반복적으로 실천한다면 본인도 놀랄 만한 성과를 내게 됩니다.

25 고3에 극적으로 1등급, 오픈 마인드로 접근하라!

"해설을 보고 빠르게 이해한 것은 잘 기억이 나지 않는데,

끝까지 고민해서 풀어낸 문제는

길게는 몇 년까지도 문제와 과정을 기억하곤 했습니다."

수학 최저 성적

5등급
(고1)

수학 최고 성적

1등급
(고3)

겁먹지 말고 재미를 느끼면 몰입은 저절로 된다!

중3 때부터 수학 학원을 다니며 수학을 체계적으로 배우면서 어려운 문제들을 고민하게 되었습니다. 그때부터 수학에 재미를 느꼈습니다. 처음에 이론 설명을 들을 때는 무슨 소린지 전혀 모르겠고 너무 어렵게 느껴지는데, 시험기간쯤이 되면 그 내용을 다 이해하고 심화 문제까지 풀고 있는 제가 신기했습니다. 그것을 깨닫고 나니 새로운 내용을 겁먹지 않고 대하게 되었습니다.

'처음엔 다 어렵다. 어려운 게 아니라 어색해서 그런 거다. 매번 그랬던 것처럼 적응하면 별것 아니다.'

마치 방탈출 게임처럼 수학 문제를 푸는 과정에서 몰랐던 것들을 알게 되고 숨겨져 있던 의미와 장치를 발견하는 기쁨을 맛보고 나서부터 조금씩 몰입하게 되었습니다.

몰랐던 것, 새롭게 알게 된 것, 숨겨져 있던 것들을 발견하는 등 많은 재미가 있었습니다. 이 재미를 알게 되면서 '놓친 게 있을까? 내가 뭘 알아야 할까?' 등 흥미롭게 고민하게 됐습니다.

잘 모르겠어도 일단 뛰어들어라!

질 모르겠어도 문제를 풀었고, 그래도 모르겠으면 이론과 해설지를 다시 보며 원리와 공식을 공부했습니다. 보통 하루면 새로운 개념에 적응을 하곤 했습니다. 물론 그러고 나선 꼭 원리를 다시 심도 있게 이해하는 과정을 거쳤습니다. 그래야 변형 문제나 심화, 사고력 문제가 나오더라도 문제를 풀 수 있었던 것 같습니다. 그리고 이 사고 과정이 막힘이 없도록 계속해서 원리로 접근하는 방법을 반복했고, 접근 속도와 과정이 굉장히 빨라졌습니다.

한 문제로 쭉 고민한 최대 기록은 2~3시간 정도이고, 틈틈이 고민한 건 며칠간 고민하기도 했습니다. 준비하는 시험과 그 시기에 따라 다르긴 하지만, 길게 고민하는 것이 유익하다고 생각합니다.

오픈 마인드로 몰입, 차근차근 정복하는 것이 중요하다!

수학은 어렵습니다. 어렵다고 느끼는 여러 이유가 있지만 가장 큰 이유는 어색함이라고 생각합니다. 수포자가 많이 생기는 시기는 중학생 때라고 합니다. 그 이유는 '루트'라는 개념이 처음 나오기 때문이죠. 루트는 우리가 아는 자연수 1, 2, 3…처럼 그냥 숫자에 불과합니다. 하지만 지금까지 일상에서 본 적도, 들어본 적도, 사용한 적도 없는 개념을 새롭게 배우고 계산하는 것은 굉장히 어색합니다. 그리고 그 후에도 계속 이러한 낯선 개념들을 배웁니다.

수학 성적을 효과적으로 올리려면 일단 오픈 마인드가 되어야 합니다. 새로운 개념을 이해하려기보다는 겁먹지 말고 그냥 '저런 것이 있구나.' 듣고 문제를 풀어보면 좋습니다. 잘 모르더라도, 외워지지 않더라도 문제를 고민하고 해설의 도움을 받고 개념을 다시 보다 보면 조금씩 감을 잡을 수 있을 것입니다.

중위권 이상의 학생들은 몰입의 재미를 느꼈다면, 유형별 문제풀이보다 심화 문제를 고민하는 것을 좋아할 수 있습니다. 하지만 심화 문제는 수능 킬러 문제들을 다 맞출 수 있을 때 집중적으로 다루길 권합니다. 수학을 잘하는 것과 수학 성적은 별개의 문제일 수 있습니다. 어려운 문제집이나 변별력 문제에 시간을 쏟기보단 먼저 충분한 반복을 통한 완벽한 정복이 훨씬 중요하다고 강조하고 싶습니다.

고등 수학은 특히 어렵습니다, 그래서 고등학생 시기 수포자가 급격히 늘어납니다. 하지만 오픈 마인드로 수학에 접근하고, 본인만의 방법을 찾아서 수학 몰입을 한다면 고등학교 시기도 늦지 않습니다. 중요한 것은 해낼 수 있다는 마음과 포기하지 않고 지속적으로 도전하는 것입니다.

26 수능 최고 성적 달성, 자신만의 루틴을 만들어라!

"'상위권 공부법은 이렇다더라!' 하고

그대로 따라 할 필요 없이

자신만의 공부 루틴을 만들어가는 게 좋습니다."

수학 최저 성적
55점
(고등학교 2학년 2학기
내신 미적분2 중간고사)

수학 최고 성적
96점
(2018 수능)

뿌듯함과 성취감은 더욱 강한 몰입을 유도한다!

저는 초등학생 때부터 과학에 흥미가 많았습니다. 특히 부모님이 여러 과학 관련 체험에 지원해주셔서 자연스럽게 경험을 많이 했습니다. 초등학교 고학년 때는 기계과학 부문 대회가 열리면 모두 참가하였고 도대표로 전국대회까지 참가하여 수상한 적이 있습니다. 이렇게 과학에 재미와 보람까지 느끼다 보니 과학에 필수적인 수학도 거부감 없이 자연스럽게 공부하게 되었습니다.

중학교 1학년이 되어서 수학을 공부할 땐 실생활에 어떻게 쓰일 수 있는지, 과학 분야에 어떤 식으로 활용될 수 있을지 생각하면서 공부하며 즐길 수 있었습니다. 중학교 2~3학년 때, 친구 따라 처음 수학 학원에 다니면서 100문제 넘게 푼 문제집의 흔적과 채점 기록들을 보면서 뿌듯함과 성취감을 느꼈습니다. 이후 오래 앉아서 많은 문제를 푸는 습관이 형성되기 시작했고 수학에 몰입하는 경험을 했습니다.

자신만의 몰입 방법을 찾아라!

초등학생 때부터 대학교 수학 공부까지 적용하는 수학 루틴이 있습니다. 항상 수학 개념을 먼저 배운 후 문제집을 사서 유형마다 모든 문제를 풉니다. 당연히 처음엔 정답률이 50%도 안 나오지만, 해설지를 보고 유형을 보면서 모두 습득하려고 합니다. 이후 유형을 파악한 후 각 유형에서 파생된 더 다양한 문제를 풀다 보면 정답률은 점점 올라갔습니다. 이렇게 공부하면 고난도 문제를 풀 때도 어떤 유형이 복합적으로 합쳐진 것인지 파악할 수 있었습니다.

수학 공부를 할 때는 문제와 나만 남겨져 '어떻게 문제를 분석하고 풀이를 어떻게 쓸까.' 하는 생각만 듭니다. 지금까지 공부했던 여러 유형의 문제 중 어떤 유형이 합쳐졌을까, 해설지는 어떤 풀이로 시작할까 떠올려 봅니다.

그리고 보통 공부할 때 노래를 들으면 절대 안 된다는 얘기가 많은데, 전 수학 공부할 때는 음악이 큰 도움이 되었습니다. 덕분에 지루하지 않았고 기숙사 생활 동안 수학 공부가 휴식 시간처럼 느껴졌습니다. '상위권 공부법은 이렇다더라!' 하고 그대로 따라 할 필요 없이 자신만의 공부 루틴을 만들어가는 게 좋습니다.

수학 몰입 시간을 최대한 늘려라!

우선 상위권이 되려면 대표 문제 유형을 모두 습득해야 합니다. 물론 국어나 영어 등 다른 과목까지 공부하려면 시간이 부족하겠지만, 수학이 모든 공부의 근간이 되므로 공부 시간의 최소 70%는 투자할 각오로 공부하는 것이 좋습니다.

처음엔 학원에서 수학 개념을 공부하고, 이후 시중의 유형별 문제집을 통해 최대한 많은 유형을 접해서 공부해야 합니다. '개념만 배우고 어떻게 바로 유형별 문제를 푸느냐고 할 수도 있지만, 이때 많이 틀리는 것은 상관없습니다. 해설을 보면서 문제를 다시 풀고 답을 고치는 과정이 가장 중요하기 때문입니다. 풀 때마다 틀리면 화날 때도 있고 짜증날 때도 있겠지만 많이 틀리고 고치는 것이 중요한 과정입니다. 이 시기는 독학으로 해내보고, 여러 유형을 공부했다 싶으면 문제집을 다시 한 번 풀어보세요. 분명 처음보다 더 성장했을 것이고, 보람을 느끼면서 다양한 유형을 알 수 있을 것입니다.

상위권 공부 방법을 따라 하는 것은 의미가 없습니다. 중요한 것은 흥미, 자신감, 성취감, 그리고 무엇보다 자신만의 몰입 루틴입니다. 스스로 어떻게 해야 재미있고 성취감을 느끼며 몰입할 수 있는지 알고, 그것을 적극적으로 공부에 활용해야 합니다.

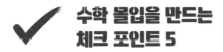

수학 몰입을 만드는 체크 포인트 5

우리 아이의 현재 수학 몰입을 점검해봅시다.

1. 가장 최근에 우리 아이가 수학 공부에 몰입한 때는 언제인가요?

2. 수학 공부를 잘하기 위해서 선행학습은 반드시 필요할까요?
   필요하다면 우리 아이는 수학 선행을 어느 정도까지 해야 할까요?

3. 우리 아이만의 수학 공부 노하우가 있나요?

4. 수학 몰입을 위해서는 목표가 중요합니다.
   우리 아이가 수학 공부를 해야 하는 확실한 목표가 있나요?

5. 후기를 읽고 우리 아이한테 도움이 되는 내용은 무엇이었나요?

많은 아이들이 부모님 또는
선생님들의 수학공부에 대한 잘못된
선입견 때문에 수학을 포기합니다.
확실한 목표가 있다면
수학 몰입 공부법을 통해
충분히 수학을 잘할 수 있습니다.

수학 몰입 핵심
저자 직강!

수학은 지극히 뻔한 사실을
진히 뻔하지 않게
증명하는 것으로 이루어진다.

– 포여 죄르지

$$Y = \max(X$$

수학의 왕도는
'몰입'입니다

아이가 어려운 수학 문제에 몰입하여 성취감을 맛보려면 도전을 즐겨야 합니다. 그런데 부모님이 문제의 답이 맞고 틀리는 결과를 중요하게 생각한다면 아이는 정답을 맞힐 수 있는 쉬운 문제만 풀려고 할 것입니다.

우리 아이들은 실수와 실패를 통해 더 많은 것을 배웁니다. 그런데 정답만 찾는 교육은 실수와 실패를 용납하지 않습니다. 이런 환경에서 아이들은 실패를 두려워하게 되고 실패가 두려워지는 순간 아이들의 창의적인 두뇌는 굳어 버립니다.

"또 틀렸어! 왜 이걸 못해!"라는 말을 자주 들으면 자신도 모르게 자신감을 잃게 되고 수학에 대한 불안감이 커지면서 실수를 더 자주 하게 됩니다. 결국은 수학을 더 어려워하게 되고 수학 점수가 형편없어지는 악순환에 빠질 수밖에 없습니다. 부모의 잘못된 말 한마디가 아이의 생각을 닫고 아물지 않는 상처를 남길 수도 있다는 것을 명심해야 합니다.

중요한 것은 어려운 문제를 풀기 위해서 끊임없이 도전하고 노력하는 자세입니다. 아이의 실수와 실패에 너그러울수록 아이들의 생각은 유연해지고 자유로워집니다.

아이에게 부모님이 제대로 된 칭찬을 해주면 아이의 수학 몰입 능력은 향상됩니다. 미국 하버드대학교 연구팀에서 칭찬받는 아이일수록 학업 성취도가 높다는 결과를 발표하기도 했습니다. 그렇다면 구체적으로 어떻게 칭찬을 해야 할까요? 우선 무조건 잘했다는 식의 칭찬은 좋지 않습니다. 예를 들어 "너 진짜 잘한다."라고 말하는 것보다 "네가 노력해서 이만큼 한거잖아~ 대단하다."라고 말해주는 편이 훨씬 좋다는 것입니다. 왜냐하면 '잘한다'라는 표현은 누구나 할 수 있지만 '노력했다'라는 표현은 아무나 할 수 없기 때문입니다. 즉, 아이가 자신의 행동에 대해 인정받고 존중받았다는 느낌을 받는 것은 아이의 수학 자존감 향상에 도움이 됩니다.

이 책은 분명 수학 잘하는 방법이라는 질문에 답하는 책입니다. 그렇지만 '배운 개념을 혼자서 빈 노트에 쓰면서 정리해라', '어떤 문제집을 어떻게 몇 번 풀어라', '오답노트는 언제 어떻게 만들어라' 하는 식의 다른 공부법 책처럼 구체적인 방법을 강요하지는 않습니다. 왜냐하면 공부법의 정도는 없기 때문입니다. 수학을 잘하기 위해서는 자기 자신이 공부를 어떻게 바라봐야 하는지, 무작정 열심히 하는 게 아니라 공부를 통해서 정확히 무엇을 얻어내야 하는지 깨달아야 합니다. 수학 최상위권들은 모두 제각각의 공부법을 갖고 성공했습니다.

　수학의 왕도는 '몰입'입니다. 효과가 빨리 눈에 보이는 방법이나 갑자기 점수를 올리는 방법이 있을지도 모릅니다. 그러나 우리 아이가 수학을 재미있고 자신감 있게, 고등학생 때까지 제대로 잘하기를 바란다면 반드시 '몰입'을 하게 해주세요.

MATH FLOW

전문가들이 말하는
수학 몰입 이야기

MATH FLOW

1

"포기하지 않고 끝까지 도전하는 습관이 중요합니다."

서울교대 영재원 박만구 교수님과의 인터뷰

현재 서울교육대학교 과학영재교육원 운영위원 및 지도교수

현재 서울교육대학교 수학교육과 학과장, 영재교육전공 및 과학융합전문대학원 교수

현재 초등수학교육학회 회장

전국 수학영재선발고사 수학 영재성 검사 도구 개발 책임교수 역임

한국수학교육학회 회장 역임

Q. 타고난 재능은 평범했지만 좋은 성과를 내는 학생들이 있나요?

네, 있습니다.

물론 현재 서울교대 영재원의 경우, 지필 시험을 통하여 1차 선발을 하고 있기

때문에 영재원에 입학하는 많은 학생들은 스스로 공부를 했든 학원에 다니면서

공부를 했든, 이미 상당한 정도의 수학 실력을 갖추고 있습니다.

그러나 이전에 오직 교사 추천으로 입학한 학생들의 경우, 선행학습을 하지 않

앉아도 영재원에 들어와 서서히 성장하여 수학석으로 두각을 나타내기도 했습니다. 선행학습을 많이 하지 않은 어느 학생은 4학년 때 영재원에 들어와 3년 동안 심화과정과 사사과정을 거치면서 중학교 때는 IMO에서 금메달을 땄습니다. 특히 영재원 사사과정에서는 논문을 쓰는 경우가 있는데, 이 과정에서 스스로 찾아서 탐구하는 습관과 자신의 잠재력을 키우는 데 괄목할 만한 성장을 하는 학생들이 있습니다.

Q. 좋은 성과를 내는 학생들의 특징이 있을까요?

선행학습을 많이 한 학생들이 제한된 수학 풀이법을 선호하는 반면, 이런 학생들은 자신만의 방법으로 수학을 풀거나 증명하는 것을 좋아합니다.
또한 수학에 대한 호기심과 모르는 문제에 대해서 집요하게 매달리는 성격을 가지고 있습니다. 스스로 난도가 높은 문제집 등을 풀면서 스스로 공부를 합니다. 수학과 관련된 많은 책들을 많이 읽어 또래 평균보다 수준 높은 지식을 가지고 있기도 합니다.

두드러지는 공통점은 모두 수학 공부의 양이 압도적으로 많다는 것입니다!

서울교대 수학영재 학생들이 수학 문제를 풀 때 어떤 특징이 있을까요?

정도의 차이가 있지만 대부분 학생들에게 수학적인 논리를 가지고 자신의 생각을 논리적으로 설명하려는 특징이 있습니다. 그리고 다른 학생들이 풀이 방법을 발표를 할 때, 수학적으로 타당하지 않는 부분은 스스럼없이 손을 들고 지적합니다.

그리고 대부분 상당한 정도의 수학 공부를 한 학생들입니다. 오래 전의 일이지만 면접을 보는데, 초등학교 3학년 아이가 "저는 정석을 떼었어요."라는 말을 하여 놀란 적이 있습니다.

이러한 수학에 대한 깊이 있는 지식을 바탕으로 다양한 방법으로 수학 문제를 푸는 데 강점을 보입니다. 한번은 '닭과 돼지의 머리와 다리 각각의 전체 수를 제시하고 닭과 돼지의 마리 수를 묻는 문제'에서 학생들이 서로 다른 21가지 방법을 제시한 적이 있습니다. 그 방법 중에는 비율이나 그래프를 활용하는 것도 있었고, 코시-슈바르츠 부등식을 활용하려는 시도도 있었습니다.

Q. 학생들이 수학 공부를 할 때, 몰입 습관이 어느 정도의 영향을 미친다고 생각하시나요?

수학 공부를 할 때 몰입하여 공부하는 습관은 반드시 필요합니다. 특히 수학은 다른 암기 과목과는 다르게 몰입하여 생각에 집중을 해야만 문제를 해결할 수 있기 때문입니다.

영재 교육에서 유명한 레줄리 박사는 영재들의 특징으로 '평균 이상의 지적 능력', '창의성', 그리고 '과제 집착력'을 들고 있습니다. 모든 공부가 그러하지만 특히 수학을 공부할 때, 풀기 쉽지 않은 문제를 만났을 때 포기하지 않고 끝까지 도전하는 습관이 중요합니다.

이때 필요한 것이 몰입인데, 포기하지 않고 이 방법 저 방법 생각하는 습관을 가지는 것이 중요합니다. 고민하는 시간은 의미 없는 시간이 아닙니다. 여러 가지 방법을 찾는 과정에서 머릿속에서는 활발하게 수학적 사고를 하고 있는 것입니다. '공부는 엉덩이로 하는 것이다.' 비단 수학 공부뿐만 아니라, 일단 공부를 잘하려면 우선 자리에 앉으면 의자에 엉덩이를 붙이고 오랫동안 공부하는 습관이 중요합니다.

Q. 특별히 수학 몰입도가 좋았던 생각나는 학생이 있으실까요?

수학 몰입도가 좋았던 학생은 지금은 서울과학고에 다니는 김○률 학생과 꽤 오래 전에 영재원에서 지도했던 오○진이라는 학생입니다. 두 학생은 중학교와 고등학교 때 IMO에 나가서 금메달도 땄습니다.

이 두 학생들은 어려운 문제를 해결할 때 매우 몰입하여 끝까지 해결하려는 태도, 새로운 문제에 대하여 가지는 호기심이 매우 강하여 도전적인 수학 문제를 해결하려는 태도가 강했던 학생들이었습니다.

김ㅇ륜 학생의 경우 혼자서 스스로 공부를 하던 학생이었고, 학부모님들께서도 김 군이 알아서 공부하도록 하는 것 같았습니다. 자율적으로 수학 논문을 작성할 때 매우 수준 높은 수학 주제를 정하여 끝까지 탐구했었고, 그런 점에서 매우 특별했던 학생입니다. 오ㅇ진 학생의 경우는 강도 높은 수학 공부에도 다른 학생들에 비하여 덜 스트레스를 받는 것 같은 인상을 받았습니다.

Q. 일반적인 아이들에게 몰입 습관을 심어주기 위해 가정에서는 어떻게 지도하면 좋을까요?

서울대 황농문 교수도 자신의 경험을 소개하면서 몰입은 창의적인 문제 해결에 도움이 된다고 주장합니다. 문제는 몰입을 잘 하지 못하는 학생에게 몰입의 습관을 들이는 것인데, 우선 가정에서는 몰입할 수 있는 환경을 조성해야 합니다. 가능하다면 공부 공간을 마련해주고 수학을 공부할 때, 방해 받지 않도록 해야 합니다. 가정에서 여의치 않다면 도서관이나 독서실 등을 이용하면 좋을 것입니다.

또한 책상에서 학생이 좋아하는 일을 오랫동안 하는 습관을 들이도록 하면 좋을 것입니다. 학생의 성향에 따라서 수학 공부를 하면서 몰입하기 좋은 방법을 선택해야겠습니다. 중요한 것은 자신이 좋아하는 것을 하면서 1~2시간 이상 의자에 앉아서 공부하는 습관을 들이는 것이 필요합니다. 수학 공부를 하면서 몰입 상태에 들어가면 시간이 가는 줄 모르고 공부를 하게 됩니다. 자동차가 가속하여 속력이 붙으면 적은 힘으로도 더 잘 가는 것처럼, 몰입의 상태에서는 평소에는 풀기 어려운 수학 문제도 풀 수 있게 됩니다. 공부의 효과가 매우 큽니다.

대부분의 학생들은 컴퓨터 게임을 할 때 몰입하여 합니다. 오랜 동안 의자에 앉아서 몰입하는 습관이 들면, 어떤 공부를 하든지 게임처럼 몰입하여 공부할 수 있을 것입니다.

Q. 서울교대 영재원 입학을 준비하는 학부모님들이 어떤 방법으로 수학을 준비하면 좋을까요?

현재 서울교대 영재원은 1차에서 지필 평가를 보기 때문에, 초등학교 수준에서의 심화 학습이 필요합니다. 중·고등학교까지의 선행학습은 필요하지 않지만 해당 학년에서 배운 수학을 응용하여 보다 깊이 있는 수학 공부를 할 필요는 있습니다.
아이 스스로 공부할 수도 있지만 비슷한 수준의 친구들과 함께 공부를 하며 자극을 받으면서 공부할 수 있을 것입니다. 학부모님들의 입장에서는 수학 내용 자체에 대해서는 크게 도울 방법은 없습니다. 자녀의 성향에 맞추어 환경 등을 잘 지원하면 될 것입니다.

부모님은 정보나 사회를 보는 눈이 더 넓으므로 생각한 바를 자녀들에게 권할 수는 있겠으나, 부모님의 생각대로 강요하기보다는 아이 스스로 찾아서 공부를 해 갈 수 있는 방법을 자녀들과 함께 찾아야 할 것입니다. 대부분의 영재 학생들이 그렇게 합니다.

Q. 많은 아이들이 수학을 어려워합니다. 수학을 어려워하는 학생들에게 해주실 말씀이 있으실까요?

많은 수학자들이 수학은 원래 어려운 학문이라고 주장합니다! 이는 맞는 말일 수 있습니다. 왜냐하면 수학은 오직 머릿속에서 일어나는 생각을 대상으로 하는 학문이기 때문입니다. 그래서 '수학은 추상적'이라고 합니다.

수학은 위계성이 강하여 마치 계단을 올라가는 것과 유사합니다. 그래서 하나씩 단계를 밟아서 공부를 하면 수학이 그리 어렵지는 않습니다. 수학을 어렵다고 느끼는 대부분의 학생들은 자신이 해결할 수 있는 수준보다 높은 수학 문제를 풀려고 합니다. 따라서 수학이 어렵다고 느끼는 학생들은 보다 낮은 수준의 수학부터 해결해 가야 합니다. 수학 문제를 풀어서 정답을 얻게 되면 '성공 경험'을 가지게 되고, '나도 수학을 잘할 수 있구나.'라고 생각하면서 수학에 자신감을 가지게 될 것입니다. 즉, 수학을 어려워하는 학생들은 자신이 풀 수 있는 문제부터 수학 공부를 시작하도록 할 필요가 있습니다.

Q. 많은 학부모님들이 수학을 어떻게 지도해야 할지 막막해 하시는데요. 이런 부모님들에게 무슨 말씀을 해주실 수 있을까요?

초등학교 저학년 수준에서는 학부모님들이 자녀를 지도하는 것이 가능할 테지만, 아마 그 이상에서는 쉽지 않을 것입니다. 학부모님이 자녀에게 수학을 직접 지도하려는 강박 관념을 떨칠 필요가 있습니다. 학부모가 자녀를 직접 지도하려고 하면 모든 수학의 내용을 알아야 할 것입니다.

그러나 그렇게 하는 대신에 자녀가 수학을 하는 것을 관찰해 보면, 초등학교 수준에서는 자녀가 무엇을 어려워하고 혼동하고 있는지 알 수 있을 것입니다. 이 때, 성급하게 정답을 알려 주려고 하지 마시고, "이 부분은 왜 이렇게 답을 했는지 말해 볼래?", "다시 한 번 생각해 볼래?", "다른 방법을 할 수는 없을까?", "네가 왜 그런 답을 하게 되었는지 말해 줄 수 있니?" 등으로 물어 보면 됩니다. 그리고 자녀가 어떤 답을 했든지 "잘했어!"라고, 우선 칭찬을 하여 수학 풀이를 시도한 것을 칭찬해 줄 필요가 있습니다. 수학 공부에서 중요한 것은 자녀가 '수학은 내가 열심히 공부하면 잘할 수 있어.'라는 생각을 갖도록 하는 것입니다.

$Q.$ 마지막으로, 누구나 수학은 중요하다고 생각합니다. 그런데 수학을 배우는 이유는 무엇일까요?

수학은 단순히 계산을 위해 배우는 것이 아닙니다. 수학은 합리적인 사고를 하도록 하기 위한 사고의 엔진입니다. 학생들이 가끔 "나는 수학을 사용하지 않는 직업을 가질 것인데 왜 배워야 하지요?"라고 반문하는 경우가 있습니다. 그러나 수학은 사고력을 발달시키기 위한 것으로, 학생이 장래에 어떤 직업을 갖더라도 필요합니다.

미래 사회는 더 많은 정보의 홍수 속에서 살아가게 될 것이고, 이런 정보 속에서 나에게 필요한 정보를 찾고 정보들 간의 관계를 파악하여 현명한 판단을 하는 것이 중요합니다. 이때 필요한 것이 수학적 사고입니다. 따라서 무슨 직업을 갖든 수학을 알아야 합니다.

우리는 유치원에서 대학 그리고 그 이후까지 수학에서 조건(p)을 제시하면 논리적인 절차에 따라서 결론(q)을 내는 연습을 합니다.

$$p \rightarrow q$$

따라서 수학을 잘하면 인과관계를 깨치게 됩니다. 즉문즉설로 유명한 법륜 스님은 깨달음이라는 것은 인과관계를 아는 것이고 합니다. 내가 죄를 지으면(p),

벌을 받는다(q)라는 인과관계를 알면, 죄를 짓고 벌을 받는다고 하더라도 마음에 고통은 적다는 것입니다.

이런 인과관계를 가장 잘 연습시키는 것이 수학입니다. 수학을 잘하면 나에게 닥치는 어려움에도 일희일비하지 않고 여여한 삶을 살 수가 있습니다. 다시 말하면, 수학을 배우는 궁극적인 이유는 삶의 이치를 깨달아 보다 행복한 삶(Well-being)을 살기 위해서입니다!

2 "이 세상에서 도전과 노력 없이 얻을 수 있는 게 얼마나 있을까요?"

14년 차 서울지역 초등교사 강유림 선생님과의 인터뷰

현재 서울지역 초등교사(경력 14년 차)

서울교대 초등영재교육 석사

2019–2024 서울특별시 남부교육지원청 영재교육원 수학 강사

2022–2023 서울특별시 서부교육지원청 영재교육원 수학 강사

Q. 재능은 평범해도 수학을 잘하는 학생들의 특징이 있을까요?

네. 있습니다.

공부 방법의 핵심은 반복이었습니다. 한 친구는 문제집을 두 번씩 풀었는데, 문제집을 풀 때 문제집에 바로 풀지 않고 연습장에 푼 다음, 이후에 다시 문제집에 풀이과정을 쓰며 공부를 하였습니다.

또 다른 학생은 문제집에 문제를 풀고, 채점할 때 틀린 문제를 체크하되 정답을 적지는 않았습니다. 찍어서 맞춘 답도 표시를 하여, 이후에 틀린 문제와 찍어서

맞춘 문제를 다시 풀었습니다. 거기서 또 틀린 문제와 찍어서 맞춘 문제가 있으면 체크를 해서 이후에 다시 푸는 것을 반복해, 모르거나 틀린 문제를 완벽하게 해결할 수 있을 때까지 문제를 해결하는 모습을 보였습니다.

Q. 수학을 어려워하다가 재미를 붙이게 된 학생이 있었나요?

코로나19로 줌으로 수업을 하던 때였습니다. 한 3학년 학생이 수학을 어려워했습니다. 도형에 관한 수업이었는데, 화면을 보며 설명을 듣는 것만으로 이해가 잘 안 되었나 봅니다. 수업 내용이 잘 이해가 되지 않으면 수업이 끝난 후 다시 설명해주겠다고 하자, 그 학생이 자원해서 남았습니다. 처음부터 설명해주면서 어떤 점이 어려운지 계속 소통을 하였고, 결국 학생이 이해를 한 뒤 수업을 끝냈습니다. 이후에도 수업이 이해가 잘 안 되는 경우 남아서 함께 공부를 했었습니다.

이 학생이 수학을 월등하게 잘하는 것은 아니었습니다. 그러나 교육과정의 내용을 무리 없이 따라 왔고 이후에도 자신이 어려워하는 것이 있으면 선생님에게 편하게 질문을 했던 점이 인상적이었습니다.

이 학생이 수학에 재미를 붙이게 된 계기는 막힌 부분이 해결되며 흥미를 일으켰기 때문인 것 같습니다. 어른들도 마찬가지지만, 일부 학생들은 자신이 모르는 것을 질문하는 데 부담을 느끼는 것 같습니다. 그런데 그러다 보면 이해가 안 되는 것이 누적되고, 이로 인해 수업이 이해가 안 되고, 악순환이 반복되며 수학에 흥미를 잃게 됩니다. 누구나 모를 수 있습니다. 모르는 것을 질문하는 것은 당연한 것이라고 생각해야 합니다.

Q. 수학 몰입도가 좋았던 학생의 수학 공부 방법을 소개해 주실 수 있을까요?

독특했던 학생 두 명이 생각납니다. 한 명은 1년 동안 학급에서 했던 수학 단원 평가에서 모두 100점을 받았던 학생입니다. 이 학생의 평가지는 숫자로 빼곡하게 적혀 흰 공간이 보이지 않을 정도였습니다. 문제를 수차례 풀어봤다는 것을 느낄 수 있었습니다. 수학을 잘하는 학생들은 단원평가를 5~10분 만에 끝내기도 합니다. 그러다 보면 실수가 나오기 마련인데, 이 친구 같은 경우는 수학을 잘하는데도 쉬운 문제 하나도 허투루 지나가지 않았습니다. 그런 겸손한 자세와 신중함이 비결이라고 생각합니다.

또 다른 한 명은 별다른 사교육 없이 수학 성적이 매우 우수했던 학생이었습니다. 이 학생의 경우 자기주도적 학습 습관이 잘 형성된 학생이었는데, 본인 스스로가 공부를 해야 하는 이유를 갖고 있고 자신이 할 일을 미루지 않았던 학생으로 기억합니다. 이 학생은 아침에 눈을 뜨면, 몸을 웅크리고 암산으로 수학 계산을 한다고 합니다. 어머니도 처음에는 의아해서 왜 그러고 있냐고 물었더니, 이 학생의 말이 "뇌를 깨우기 위해서 수학 계산을 하고 있다"고 했답니다.

Q. 일반적인 아이들에게 몰입 습관을 심어주기 위해 가정에서는 어떻게 지도하면 좋을까요?

몰입을 하기 위해서는 '흥미'가 동반되어야 합니다. 이럴 때 자주 사용하는 것이 보상입니다. 학습하는 것 자체에 대한 흥미를 갖게 하기 위해서는 '숙제를 일찍 끝내면 무엇을 해주겠다, 시험을 100점 맞으면 무엇을 사주겠다'와 같은 외적 보상보다는 시간이 걸리더라도 자녀가 스스로 학습을 하는 것에 대한 칭찬과 격려 같은 내적 보상이 필요합니다. 이를 통해 자긍심과 자존감을 길러줘야 합니다.

자식은 부모의 거울이라고 합니다. 학부모님께서 많이 바쁘시고 휴식이 필요하시겠지만, 가정에서 자녀가 공부를 할 때 학부모님께서도 TV 시청이나 핸드폰을 하시는 것보다는 독서나 공부하는 모습을 보여주시는 것을 추천합니다.

Q. 많은 아이들이 수학을 어려워합니다. 수학을 어려워하는 학생들에게 해주실 말씀이 있으실까요?

저는 수학을 참 좋아하지만 어려운 것도 사실입니다. 수학에 소질이 있는 친구들도 있고 그렇지 않은 친구들도 있습니다. 만약 수학이 어려워서 수학 공부를 하기 싫다면 스트레스를 받아가면서 수학 공부를 하지는 않았으면 좋겠습니다. 하지만 어렵다는 이유로 노력하지 않고 '나는 수포자야.'라고 말하며 수학 공부

자체를 포기하지는 말아주세요.

이 세상에서 도전과 노력 없이 얻을 수 있는 게 얼마나 있을까요? 학생들이 지금처럼 걸어 다니고 뛰어다닐 수 있는 것은 아주 어렸을 때, 수백 번의 뒤집기, 기어 다니기, 앉기, 혼자 일어서기, 걸음마의 과정을 거쳤기 때문에 가능한 것입니다. 물론 중간에 엄청나게 많이 넘어졌을 것이고요. 수학이 어렵지만, 이 어려운 것을 해결했을 때의 즐거움과 뿌듯함을 느껴보면 수학이 어려워도 싫지는 않게 될 거예요.

Q. 많은 학부모님들이 수학을 어떻게 지도해야 할지 막막해 하시는데요. 해주실 말씀이 있으실까요?

예전에 〈영재발굴단〉이라는 프로그램에 과학 영재 학생이 출연한 적이 있습니다. 그 학생의 부모님은 청각장애인이셨습니다. 엄청난 지식의 양을 가지셨던 분도 아니었고요. 그분들은 그저 자녀의 의견을 지지해주셨습니다. 전문가들에 의하면 이러한 부모님의 태도가 학생의 안정감뿐만 아니라 영재성을 기를 수 있는 토대를 만들어 주었다고 합니다. 학부모님께서 학습을 지도해주시는 것도 중요하지만, 학습에 대해 자녀와 이야기하실 때 자녀의 이야기에 귀 기울여 주시는 것도 무척 필요합니다.

3 "'오늘 무엇을 어떻게 공부하였니?'라고 물어주세요."

과학고 학생들을 직접 지도하신 선종문 박사님과의 인터뷰

현재 선종문수학영재전문학원 원장
전북과고 · 풍남중 교사, 전주서신중 교감, 군산여고 교장 등 교직경력 40년
전북교육연수원 정시강사(17년간) – 중 · 고등학교 수학교사 대상으로 강의
전국수학경시대회 학생 2,803명 입상(KMO · KMC · 성대경시 등 635명 대상 · 금상) 지도

Q. 과학고 학생들이 수학 문제를 풀 때 어떤 특징이 있나요?

항상 의문을 품고 문제를 끝까지 생각하는 방법으로 수학 공부를 하는 아이들이 많습니다. 과학고에서 수업할 당시 우리나라에서 제일 유명한 수학 참고서를 수업 교재로 사용했습니다. 그 교재의 연습문제를 풀고 있는 과정에서 어느 한 학생이 문제를 참고서에 설명된 풀이 과정대로 설명을 하였습니다.

설명이 끝나자 설명을 듣던 다른 학생이 다음과 같은 질문을 하였습니다. "선생님께서 벤다이어그램으로 설명을 할 경우에는 제대로 설명하려면 집합의 포함

관계를 여러 가지로 나누어서 증명해야만 하니 가급적 집합의 연산을 이용하라고 말씀하셨는데 위 밑줄 친 부분을 벤다이어그램을 사용하지 않고 연산으로는 증명할 수 없습니까?"

지금까지 그런 질문을 한 학생이 없었고, 그 유명한 참고서에도 벤다이어그램으로 설명되어 있었습니다. 그래서 사실 저도 연산으로는 설명이 되지 않는다고 생각하고 있었기에, "연구해 보도록 하겠습니다." 하고 그날 수업이 끝났습니다.

그런데 그 엉뚱한 질문 이후, 처음 문제를 설명했던 학생이 연산을 이용한 증명을 찾아왔습니다. 정말 기발한 생각으로 문제를 풀어 온 것을 보고 저도 깜짝 놀라며 속으로 감탄했습니다. 만약 그때 제가 '선배들도 이 문제를 아무 말 없이 풀어왔었고 우리나라에서 제일 유명한 참고서에서 벤다이어그램으로 설명한 것은 연산으로 안 되기에 그런 것이다.'라고 말했다면 이 학생은 이 기발한 풀이를 생각해내지 못했을지도 모릅니다. 그렇게 생각하니 정말 아찔한 생각이 들었습니다.

참고서에 기재된 풀이를 믿고 더 이상 생각하지 않으려고 하면 안 됩니다. 의문을 품으며 새로운(더 좋은) 그리고 더 다양한 풀이 방법에 도전해 보세요.

학생들은 참고서에 나온 문제풀이를 너무 믿고 그 방법대로만 문제의 답안을 작성하려고 합니다. 그러나 참고서의 풀이가 가끔 모순된 경우도 있고, 더 좋은 풀이 방법이 존재할 수도 있습니다. 배운 방법으로만 공부하다 보면 문제가 변형됐을 때 제대로 정답을 찾지 못하는 경우도 생길 수 있습니다. 평소 공부할 때에 보다 다양하고 좋은 풀이를 찾으려는 노력을 기울이길 바랍니다.

Q. 과학고 학생들을 가르치며 특별히 신경 쓰셨던 부분은 무엇이셨나요?

학생들의 질문에 바로 답하는 것이 아니라 신중히 생각하고 대답했다는 것입니다. 답변하기 조금 난처하거나 하면 그냥 "그런 것은 시험에 안 나온다."라고 그냥 넘길 수도 있을 것입니다. 그러나 별생각 없이 답하였다가 학생이 만약 다른 선생님에게도 물어보고, 두 선생님들의 답변이 일치하지 않을 때는 너무나 곤란한 상황이 생길 수 있습니다. 때문에 다른 수학 선생님들에게도 질문을 받으면 신중히 생각하고 답하도록 부탁하였습니다.

그래서 저는 당시 어떤 학생으로부터 질문을 받으면 항상 "응! 뭐라고? 다시 한번 더?"라고 습관적으로 물었습니다. 처음 질문할 때 다 알아들었지만 다시 얘기할 때 '이렇게 대답하면 전에 내가 얘기한 것과 모순되는 것은 없는지', '다음에 이와 비슷한 질문을 받았을 때 답변에 문제는 없을 것인지'를 생각했습니다.

어느 학생으로부터 '미분과 적분 중 무엇이 먼저입니까?'라는 질문을 받은 적이 있었습니다. 우리가 보통 적분을 미분의 역연산이라 생각하며 교과서 차례도 미분 다음에 적분입니다. 그래서 간단히 대답하면 '미분이 먼저다.'라고 했겠지만, 저는 "보통 미분이 먼저라고 생각하는데 좀 더 알아보자."라고 했습니다. 그리고 알아보니 '애초에 미분과 적분은 서로 별개로 연구되었던 학문이며, 구분 구적분법은 미분보다 먼저 연구되었다'는 것을 알게 되었습니다.

Q. 특별히 수학 몰입도가 좋았던 생각나는 학생이 있으실까요? 있다면 그 학생만의 수학 공부 방법을 소개해 주실 수 있으실까요?

초등학교 4학년 강○영 학생입니다. 자연수의 합, 제곱수의 합, 세제곱수의 합의 공식 등을 설명하며 공식을 유도하는 방법을 가르칠 때, 지금까지 선배들은 7제곱수의 합의 공식까지 유도하였고 나는 8제곱수의 합의 공식까지 유도하였다고 얘기하였습니다. 그랬더니 강 군은 7제곱수의 합의 공식까지 유도하고 나서도 도전 정신을 갖고 8제곱수의 합의 공식 유도에 도전한다고 하더니 3일 만에 성공하였습니다.

8제곱수의 합의 공식을 유도하고 난 학생에게 '다시 9제곱수의 합의 공식 유도에 도전해 보겠니?'라고 하였더니 "아니요. 제가 9제곱수의 합의 공식을 유도하면 선생님은 다시 10제곱수의 합의 공식을 유도하실 것이니까요." 하며 거기에서 멈추었습니다.

이 학생은 2023 전반기 KMC 본선 3번의 (3)에서 제일 마지막 계산에서 996-448=548을 448로 잘못 계산하여 1점을 감점받았는데 100점을 받은 학생이 있어 아쉽게 금상을 수상하였습니다.

Q. 2023 IMC(국제수학경시대회)에서 박사님이 지도하신 학생들이 1등을 하여 개인 금메달과 종합·단체전·팀전 모든 종목에서 챔피언상을 수상하였는데, 박사님의 지도 방법과 학생들의 학습 자세는 어떠하였나요?

국제대회인 IMC(개인전과 단체전) 전체 문항과 국내대회인 KMCE(한국창의수학경시대회)에 출제된 고난도 문항과 해설들을 정리하여 처음에 똑같이 5문항씩을 사진으로 찍어 휴대폰으로 학생들에게 보냈습니다. 정답을 찾아 저에게 보내도록 한 뒤 보낸 정답이 맞으면 '딩동댕!'이라며 학생의 풀이를 저에게 보내도록 했습니다. 학생이 풀이를 보내면 제가 갖고 있는 여러 가지 풀이법을 보내어 다양한 방법을 배우도록 하고, 정답을 보낸 수만큼 다음 문항을 보내주어 풀도록 했습니다. 만약 틀리면 '땡!'을 보내어 다시 풀도록 했습니다. 또, 경쟁심과 집중력을 갖고 풀도록 하기 위하여 하루에 한 번 이상 그 시간 기준 정답을 제일 많이 맞힌 사람부터 순서대로 공개했습니다.

IMC가 월요일 실시되었는데 토요일과 일요일은 하루 8시간씩 문항 풀이 상위자 4명을 모아 그동안 문제를 중심으로 자신만의 풀이법을 설명하여 공유토록 하였습니다. 이 4명이 우리나라 대표 초등부 A팀이며 이들은 모두 개인전 금메달과 단체전과 팀전 그리고 종합으로 3개 종목에서 시상하는데 3개 종목에서 1등을 하여 4명 모두 금메달과 챔피언상 3개씩을 수상하였습니다.

Q. 2023 KJMO(한국주니어수학올림피아드)에서도 만점 학생이 전국에서 초등학생 4명인데 박사님이 지도한 학생이 그 속에 포함되었으며 그 외에도 90점으로 금상 수상한 학생이 2명이 있는데, 박사님의 지도 방법과 학생들의 학습 자세는 어떠하였나요?

KJMO 4년간 기출문제와 국내 각종대회(KMO·KMC·성균관대·HMC·KMAO 등)의 기출문제 중 KJMO에 출제될 만한 문항과 해설들을 정리했습니다. 그리고 KJMO 응시 희망자 6명을 대상으로 똑같은 10문항씩을 사진으로 찍어 휴대폰으로 보내주고 IMC 지도할 때와 같은 방법으로 지도였습니다. 다만 문제 풀이가 부족한 학생에게는 중간중간에 3문제씩을 별도로 더 보냈습니다.

모두들 경쟁심과 집중력을 갖고 대회를 준비하였는데, 특히 1등과 2등은 서로 경쟁이 심하여 밤 12시가 훨씬 지났는데도 계속 정답을 보내며 다음 문항을 받아 서로 이기려고 경쟁하여, 준비기간 동안 뿌듯하면서도 무척 힘들었습니다. 이때 1등(초6) 학생이 KJMO 만점을, 2등(중1), 3등(초5) 학생이 90점으로 금상을, 나머지도 순서대로 은상, 동상, 장려상으로 모두 수상하였습니다.

Q. 많은 아이들이 수학을 어려워합니다. 수학을 어려워하는 학생들에게 해 주실 말씀이 있으실까요?

먼저 '수학은 어렵다'는 마음을 버리고, '수학은 재미있다.', '수학은 쉽다.', '수학은 나도 할 수 있다.'라는 마음을 가지세요. 그리고 개념을 확실하게 이해한 후에 그것을 적용하여 문제를 해결하되 쉬운 문제부터 가급적 우리 생활과 연관 지어 가며 공부하세요.

예를 들어 중1에서 처음에는 '$50x - 30x$'를 계산하라고 하면 20이라고 대답하는 학생들이 상당히 많은데, 그들에게 '50원 − 30원'을 물으면 모두들 20원이라고 잘 대답합니다.

n개라고 하면 대부분 당황하는데 처음부터 어렵게 n을 생각하지 말고, 2개, 5개 등 적은 숫자부터 차례로 생각하면 문제를 이해하고 해결할 수 있는 문제들이 점차 늘어날 것입니다.

그리고 무엇보다 중요한 것은 가르치시는 선생님을 믿고 설명을 잘 들으며, 이해가 잘 안 되는 문제는 문제를 여러 번 읽고, 고학년으로 갈수록 문제가 안 풀릴 경우에는 주어진 조건이 모두 이용되었는지 살피는 것도 좋은 방법입니다.

Q. 많은 학부모님들이 수학을 어떻게 지도해야 할지 막막해하시는데요. 해 주실 말씀이 있으실는지요?

먼저, 자녀를 지도하시는 선생님을 믿으십시오. 혹시 자녀가 선생님에 대한 험담을 부모님에게 한다면, 선생님에게 문제가 있다고 단정해서는 안 됩니다. 많은 아이들이 친구나 선생님에 관련된 안 좋은 얘기를 할 때에는 자신의 잘못은 아주 깊숙이 감추어 놓고 자신에게 유리한 얘기만 합니다. 그런 경우 학부모님들의 판단이 흐려져 잘못된 결정을 하시는 경우가 많습니다.

아이가 가장 기본적인 개념과 원리를 먼저 명확히 이해하도록 하고, 그것을 바탕으로 유형은 빈틈없이 파악하도록 하세요. 자녀가 수학을 공부할 때는 입에서 '암기한다.', '외운다'는 얘기가 아닌 '이해한다'는 얘기가 나오도록 하세요. 공식을 암기하더라도 유도 과정을 이해한 상태에서 암기해야만, 공식을 잊더라도 다시 유도해서 사용할 수 있습니다. 그렇게 이해하고 암기한 공식만이 새로운 문제에 응용해서 사용할 수 있습니다.

또한 자녀가 공부하고 오면 '오늘 어디까지(얼마나) 배웠니?'라고 묻지 마시고 '오늘 무엇을 어떻게 공부하였니?'라고 물어주세요. 그날 공부한 것을 집에서 발표하도록(가능하면 가정에 칠판을 준비하여 그곳에) 하는 것이 효율적입니다. 그렇게 하면 학교나 학원에서 공부할 때 집에 가서 발표해야 하니 제대로 공부하게 되며, 집에서 발표함으로써 제대로 된 복습을 하게 됨은 물론 점차 성취감이 높아지고 발표력이 늘어 특목고나 대입 구술고사 및 면접에서도 좋은 점수를 받을 수 있어 아주 좋습니다.

자녀가 수학에 몰입하여 공부하는 데 많은 도움을 줄 수 있는 아주 좋은 이 책을 읽으시는 모든 학부모님들이 자녀를 수학을 잘하여 성공하는 큰 인물로 키우시길 바랍니다.

어떤 문제도
지속적인 생각의 공격을
버텨내지 못한다.

-볼테르

MATH FLOW

수학 몰입 습관 만드는
3주 프로젝트

MATH FLOW

---

1. 우리 아이 수학 학습 성향에 따른 몰입 문제 활용방법

2. 수학 몰입 습관 만드는 3주 프로젝트

* 수록된 21개의 문제들은 전체적으로 난도를 잘게 쪼개어 순차적으로 배치한 것입니다. 특히 응용 문제를 어려워하는 아이들에게 도움이 되기를 바랍니다.

1 우리 아이 수학 학습 성향에 따른 몰입 문제 활용방법

아이들은 저마다 다릅니다. 따라서 모든 아이를 같은 방법으로 가르치는 것은 효과적일 수 없습니다. 아이의 수학 학습 성향을 알고 그에 맞는 방법을 적용해야 합니다. 그렇다면 수학 학습 성향에 따라 수학 몰입 문제를 어떻게 활용하면 좋을까요?

크게 3가지 수학 학습 성향에 맞는 수학 몰입 문제 활용법을 알아보겠습니다.

① 끝까지 문제를 스스로 해결해내려고 하는 아이

과제 집착력이 높은 유형의 아이는 아이 자신이 의지에 따라 학습을 진행합니다. 즉, 자신의 목표를 스스로 정하고 그 목표를 이루려고 합니다. 수학 과목을 좋아하고 다른 친구들보다 더 잘하고 싶은 마음이 큽니다.

몰입 문제 지도 원칙

1. 비슷한 실력의 친구와 함께 도전해 보도록 한다.
2. 결과 못지않게 과정이나 태도가 중요함을 알려준다.
3. 몰입시간을 점점 늘려나갈 수 있도록 난도를 높인다.
4. 문제를 해결한 후 설명해 보도록 한다.

TIP

다른 아이들과 동시에 같은 문제를 풀어보도록 하면 몰입도가 확실히 향상됩니다. 집에서 공부한다면 부모님과 동시에 도전해봅니다. 이때 중요한 것은 답을 맞히는 것이 아닙니다. 'ㅇㅇ이는 한 문제를 끝까지 고민하는구나.', '답은 틀렸지만 다른 방법으로 시도해보다니 대단하다.' 등 빨리 정답을 맞히는 것만이 좋은 것이 아님을 얘기해줍니다.

② 쉬운 문제만 풀고 싶어 하고 응용력이 부족한 아이

이런 성향의 아이들은 스스로 문제를 고민하는 시간이 적습니다. 고민해서 문제를 풀어냈을 때의 성취감을 반복적으로 경험하도록 합니다.

몰입 문제 지도 원칙

1. 문제를 풀어내기 위한 기본 개념 이해가 제대로 되었는지 확인한다.

2. 쉬운 난도의 응용 문제부터 조금씩 난도를 높인다.

3. 수학 문제를 고민해서 풀어야 하는 이유를 설명해준다.

4. "누가 누가 더 잘하나 보자"는 등의 경쟁을 부추기는 말은 되도록 삼간다.

TIP

몰입 문제는 난도가 높지는 않아도 새로운 유형의 문제들로 구성합니다. 기억에 의지해서가 아닌 스스로 생각을 해서 문제를 해결해보도록 합니다. 직접 설명을 해주는 대신 최대한 힌트를 주면서 아이 스스로 문제를 해결해 냈다는 성취감을 갖도록 합니다. 아무리 어려운 문제도 충분히 풀어낼 수 있다는 자신감을 심어줘야 합니다.

③ 수학에 거부감이 있는 아이

이런 성향의 아이들은 수학에 대한 거부감을 없애고 자신감을 갖도록 하는 것이 가장 중요합니다. 수학에 대한 반복적인 긍정 경험들을 쌓도록 합니다.

몰입 문제 지도 원칙

1. 가장 쉬운 난도의 기본 연산문제부터 조금씩 난도를 높인다.
2. 갑자기 양이나 난도를 높이지 않는다.
3. 특히 어려워하는 단원의 문제들을 단계적으로 해결해가면서 자신감을 회복하게 한다.
4. 노력하면 수학을 잘할 수 있다는 생각을 갖게 한다.

TIP

이런 경우, 기본 연산이 숙달되기 전까지는 연산 문제 위주로 스스로 해결하도록 합니다. 풀이를 알려주기보다 아이가 고민하는 습관을 들일 수 있도록 힌트를 중간중간 주면서 스스로 풀어내도록 합니다. 자신감이 붙을 때까지는 비슷한 유형의 문제 위주로 몰입 문제를 정해줍니다.

2 수학 몰입 습관 만드는 3주 프로젝트

포인트 ① 일직선상에 나무를 심는다.

길이 12m인 도로의 한쪽에 끝에서 끝까지 2m 간격으로 나무를 심습니다. 나무는 모두 몇 그루가 필요합니까?

2m마다 나무를 심으면, 나무와 나무의 「간격」 수는 12÷2=6에서 6간격이야.

그림을 보고 세어 보자. 나무는 7그루 있으니까 「간격」 수보다 「나무」 수가 1 많아.

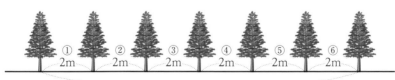

포인트 ② 연못 둘레에 나무를 심는다.

 둘레의 길이가 32m인 연못이 있습니다. 이 연못 둘레에 4m 간격으로 나무를 심습니다. 나무는 모두 몇 그루가 필요합니까?

 이번에는 「나무」 수와 「간격」 수는 어느 쪽이 많을까?

 4m마다 심으면 「간격」 수는 32÷4=8에서 8간격이야.

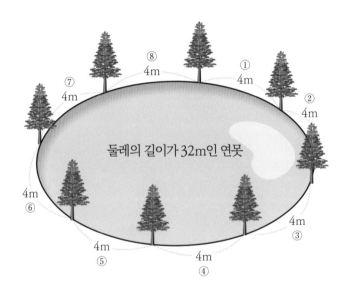

둘레의 길이가 32m인 연못

⑧ 4m ① 4m ② 4m ③ 4m ④ 4m ⑤ 4m ⑥ 4m ⑦ 4m

 그림을 보고 세어 보면 「간격」은 8간격이고 「나무」는 8그루로 똑같아.

1일차 길이가 48m인 도로의 한쪽에 끝에서 끝까지 6m 간격으로 나무를 심습니다. 나무는 모두 몇 그루가 필요합니까?

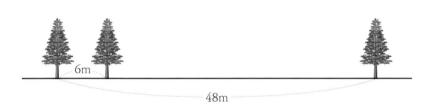

2일차 길이가 255m인 도로의 한쪽에 끝에서 끝까지 15m 간격으로 나무를 심습니다. 나무는 모두 몇 그루가 필요합니까?

어느 도로의 한쪽에 끝에서 끝까지 6m 간격으로 7그루의 나무를 심습니다. 이 도로는 끝에서 끝까지 몇 m입니까?

어느 도로의 한쪽에 끝에서 끝까지 12m 간격으로 26그루의 나무를 심습니다. 이 도로는 끝에서 끝까지 몇 m입니까?

5일차 길이가 30m인 도로의 한쪽에 끝에서 끝까지 같은 간격으로 6그루의 나무를 심습니다. 나무와 나무의 간격은 몇 m입니까?

6일차 길이가 180m인 도로의 한쪽에 끝에서 끝까지 9m 간격으로 나무를 심습니다. 나무는 모두 몇 그루가 필요합니까?

7일차 길이가 160m인 도로의 양쪽에 끝에서 끝까지 같은 간격으로
66그루의 나무를 심습니다. 나무와 나무의 간격은 몇 m입니까?

8일차 길이가 250m인 도로의 한쪽에 끝에서 끝까지 같은 간격으로
51그루의 나무를 심습니다. 나무와 나무의 간격은 몇 m입니까?

9일차 둘레의 길이가 91m인 연못이 있습니다. 이 연못의 둘레에 7m 간격으로 나무를 심습니다. 나무는 모두 몇 그루가 필요합니까?

10일차 둘레의 길이가 180m인 연못이 있습니다. 이 연못 둘레에 같은 간격으로 45그루의 나무를 심습니다. 나무와 나무의 간격은 몇 m입니까?

11일차 전봇대 2개의 간격은 32m입니다. 두 전봇대 사이에 4m 간격으로 나무를 심습니다. 나무는 모두 몇 그루가 필요합니까?

12일차 전봇대 2개의 간격은 84m입니다. 두 전봇대 사이에 같은 간격으로 27그루의 나무를 심습니다. 나무와 나무의 간격은 몇 m입니까?

13일차 길이가 30m인 도로의 양쪽에 끝에서 끝까지 6m 간격으로 나무를 심습니다. 나무는 모두 몇 그루가 필요합니까?

14일차 길이가 4m인 목재를 톱으로 50cm 길이로 자릅니다. 1번 자르는 데 6분 걸리고, 다음에 1분 쉬고, 다시 자르기 시작합니다. 물음에 답하시오.

(1) 길이가 50cm인 목재는 모두 몇 개를 만들 수 있습니까?

(2) 자르는 횟수는 모두 몇 번입니까?

(3) 쉬는 횟수는 모두 몇 번입니까?

(4) 자르기 시작해서 모두 자를 때까지는 몇 분 걸립니까?

길이가 6m인 목재를 톱으로 60cm 길이로 자릅니다. 한 번 자르는 데 8분 걸리고, 다음에 2분 쉬고, 다시 자르기 시작합니다. 다음 물음에 답하시오.

(1) 길이가 60cm인 목재는 모두 몇 개입니까?

(2) 자르는 횟수는 모두 몇 번입니까?

(3) 쉬는 횟수는 모두 몇 번입니까?

(4) 자르기 시작해서 모두 자를 때까지 몇 분 걸립니까?

16일차 전봇대가 16m 간격으로 12개 서 있습니다. 전봇대와 전봇대 사이에 2m 간격으로 깃발을 세우면 깃발은 모두 몇 개가 필요합니까?

17일차 길이가 6m인 목재를 톱으로 40cm 길이로 자르려고 합니다. 1번 자르는 데 5분 걸리고, 다음에 2분 쉬고, 다시 자르기 시작합니다. 모두 자르려면 몇 분 걸립니까?

18일차 긴 목재를 톱으로 몇 개의 토막으로 자릅니다. 1번 자르는 데 6분 걸리고, 다음에 1분 쉬고 다시 자르기 시작합니다. 모두 자르는 데 62분 걸렸습니다. 목재를 몇 토막으로 잘랐습니까?

19일차 전봇대 2개가 80m 떨어져 서 있습니다. 이 전봇대 사이에 같은 간격으로 나무를 19그루 심었습니다. 나무와 나무 사이의 간격은 몇 m입니까?

20일차 긴 목재를 톱으로 몇 토막으로 잘랐습니다. 1번 자르는 데 7분 걸리고, 다음에 2분 쉬고, 다시 자르기 시작합니다. 모두 자를 때까지 79분 걸렸습니다. 긴 목재를 몇 토막으로 잘랐습니까?

21일차 소희와 유미가 도서실에서 책을 옮기는 작업을 합니다. 소희는 1권씩 옮기는 데 2분 걸리고, 5권 옮길 때마다 7분간 휴식을 한 후에 다시 책을 옮깁니다. 유미는 1권 옮기는 데 3분 걸리고, 10권 옮길 때마다 5분간 휴식을 한 후에 다시 책을 옮깁니다. 각각 100권씩 책을 옮기는 작업을 동시에 시작하면, 누가 몇 분 먼저 작업을 끝내겠습니까?

MATH FLOW

부모님과 함께 푸는
수학 몰입 문제 7

MATH FLOW

1.

아래 그림과 같이 모양과 크기가 같은 직사각형 2개를 세로와 가로로 겹치지 않게 붙여놓아 새로운 직사각형 ㉠과 ㉡을 만들었습니다. ㉠의 둘레 길이가 30㎝, ㉡의 둘레 길이가 36㎝일 때, 처음 직사각형의 가로와 세로의 길이는 각각 몇 ㎝입니까? (50점×2)

힌트

㉠

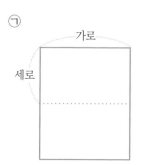

㉡

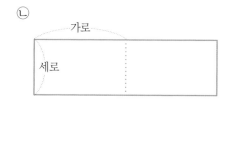

풀이

2.

카드 52장에 대해 다음과 같은 약속에 따라 점수를 매깁니다. 물음에 답하시오.

약속

ㄱ 소수 카드는 2점입니다.

ㄴ 3의 배수 카드는 3점입니다.

ㄷ 4의 배수 카드는 5점입니다.

ㄹ 그 외의 카드는 0점입니다.

ㅁ 하트 카드는 점수를 2배로 합니다.

ㅂ 스페이드(♠) 카드는 점수를 반으로 합니다.

ㅅ 몇 개의 조건에 맞는 카드는 각각의 점수를 더합니다.

ㅇ 에이스(A)는 1, 킹(K)은 13, 퀸(Q)은 12, 잭(J)은 11로 합니다.

(1) 점수가 가장 높은 카드는 무엇입니까? (30점)

(1) 힌트

(2) 점수가 0점인 카드는 모두 몇 장입니까? (30점)

(2) 힌트

(3) 2장의 카드를 동시에 뽑았을 때, 점수의 합이 6점이 되는 경우는 모두 몇 가지입니까? (40점)

(3) 힌트

(1) 풀이　　(2) 풀이　　(3) 풀이

3.

A, B, C 3명이 다음과 같이 게임을 했습니다.

가위바위보를 해서 1명만 이겼을 때에 이긴 사람은 자신이 가진 구슬과 같은 수의 구슬을 게임에서 진 2명에게 각각 받습니다. 도중에 누군가의 구슬이 남지 않으면 이 게임은 끝납니다.

먼저 A가 이기고 다음에 B, C의 순서로 1번씩 이겼더니 A와 B의 구슬이 남지 않았습니다. 마지막으로 C가 가진 구슬은 54개였습니다. 처음에 A가 가진 구슬은 몇 개입니까?

힌트

풀이

4.

아래 그림과 같은 게임판을 사용하여 아래 규칙에 따라 게임을 하였습니다.

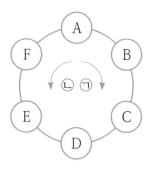

규칙

① 처음에 팽이를 A 자리에 놓습니다.

② 주사위를 3번 던집니다.

③ 주사위를 던져서 나온 수가 홀수일 때에는 ㉠ 방향으로 나온 수만큼 팽이를 옮깁니다.

④ 주사위를 던져서 나온 수가 짝수일 때에는 ㉡ 방향으로 나온 수만큼 팽이를 옮깁니다.

이와 같은 규칙으로 아진이가 게임을 해서 팽이는 A 자리에 옮겨졌고, 주사위를 던져서 나온 수의 합이 10일 때 나온 수 3개를 곱하면 얼마가 되겠습니까?

힌트

풀이

5.

크기가 같은 정삼각형 모양의 색종이로 여러 가지 모양을 만들었습니다. 색종이는 변과 변이 빗나가지 않고 딱 맞게 맞닿도록 만들어야 합니다. 물음에 답하시오.

(단, 회전시키거나 뒤집어서 같은 모양이 되는 것은 1가지로 생각합니다.)

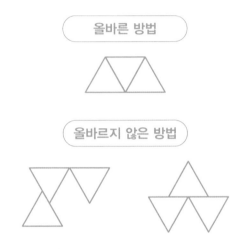

(1) 색종이 4장으로 모두 몇 가지를 만들 수 있습니까?

(1) 힌트

(2) 색종이 5장으로 모두 몇 가지를 만들 수 있습니까?

(2) 힌트

(1) 풀이   (2) 풀이

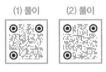

6.

1부터 10까지의 수가 적혀 있는 10장의 카드를 뒤집어 놓았습니다. A, B, C, D, E 5명이 차례로 수 카드를 2장씩 골랐습니다. A, B, C, D 4명이 가지고 있는 카드에 적혀 있는 수의 합은 A는 18, B는 14, C는 11, D는 5였습니다. 물음에 답하시오.

(1) E가 고른 2장의 카드에 적혀 있는 수의 합은 얼마입니까?

(1) 힌트

(2) A, B, C, D, E 5명이 고른 2장의 카드를 각각 구하시오.

(2) 힌트

(1) 풀이

(2) 풀이

7.

A, B, C, D 4명이 100m 경주를 합니다. 아래 표는 4명이 순위를 예상한 것으로 ㉠은 B가 예상한 것입니다. 경주가 끝나고 올바른 순위가 발표되었습니다. 그것에 따르면 다음의 사실을 알 수 있었습니다.

	1등	2등	3등	4등
㉠	D	B	C	A
㉡	D	A	B	C
㉢	A	B	C	D
㉣	C	A	B	D

① 4명 모두 자신의 순위 예상은 틀렸습니다.

② 1등부터 4등까지 모두 틀린 사람은 없습니다.

③ 3등 예상은 2명만 맞고, 4등 예상은 모두 틀렸습니다.

(1) 올바른 순위는 어떻습니까? 1등, 2등, 3등, 4등 순으로 답하시오.

(1) 힌트

(2) ㉡, ㉢, ㉣은 각각 누가 예상한 것입니까? A, C, D로 답하시오.

(2) 힌트

(1) 풀이   (2) 풀이

참고문헌

『스탠포드 수학공부법』, 조볼러 지음, 송명진, 박종하 옮김, 와이즈베리, 2017.

『보이는 수학책』, 박만구 지음, 추수밭, 2022.

『몰입』, 황농문 지음, 알에이치코리아, 2007.

『수학으로 생각하는 힘』, 키트예이츠 지음, 이충호 옮김, 웅진지식하우스, 2020.

『14세까지 공부하는 뇌를 만들어라』, 김미현 지음, 메디치미디어, 2017.

『엄마가 만드는 초등 수학 자신감』, 정희경 지음, 한빛라이프, 2022.

『진짜 공부 잘하는 아이들의 비밀 집공부』, 손지숙 지음, 봄풀출판, 2019.

『수학자의 공부』, 오카기요시 지음, 정희성 옮김, 사람과 나무사이, 2018.

『생각하는 아이 기다리는 엄마』, 홍수현 지음, 국일미디어, 2011.

『최후의 몰입』, 제갈현열, 김도윤 지음, 쌤앤파커스, 2018.

『밥상머리의 작은 기적』, SBS스페셜 제작팀, 리더스북, 2020.

『수능 만점자가 알려주는 수학 공부 만렙 찍는 법』, 수세미 지음, 수세미교육, 2022.

『슬로싱킹』, 황농문 지음, 위즈덤하우스, 2020.

『간헐적 몰입』, 조우석 지음, 라이스메이커, 2022.

『수학 공부의 정석』, 정근창 지음, 포르체, 2023.

『생각으로 푸는 수학』, 고지숙 지음, 선비북스, 2022.

『초등 수학 문해력 비밀수업』, 조용현 지음, 트로이목마, 2021.

『수학 1등급은 이렇게 공부한다』, 정유빈 지음, 메이트북스, 2020.

『최상위권 수학머리 만들기』, 이윤원 지음, 반니, 2022.

『초등 수학 공부법』, 현선경 지음, 믹스커피, 2023.

『야호 수학스스로 생각하고 스스로 답을 찾는』, 권순현 지음, 테크빌교육, 2018.

『수학 잘하는 아이는 이렇게 공부합니다』, 류승재 지음, 블루무스, 2022.

『김필립 초집중 몰입수학』, 김필립 지음, 이지북, 2020.

『하루 2장 수학의 힘』, 진미숙 지음, 아름다운 사람들, 2016.

『초등생을 위한 수학 공부몸 만들기』, 류유 지음, 서사원, 2021

『수학을 잘하고 싶어졌습니다』, 서준석 지음, 다산에듀, 2022.

『수학공부법』, 남운기 지음, 유페이퍼, 2023.

『수학 잘하는 아이는 어떻게 공부할까』, 임미성 지음, 비타북스, 2022.

『진짜 수학 공부법』, 류승재 지음, 경향BP, 2023.

『123 미니쌤의 초등 수학 로드맵』, 김민희 지음, 생각지도, 2021.

『공부하는 힘』, 황농문 지음, 위즈덤하우스, 2013.

『아주 작은 습관의 힘』, 제임스클리어 지음, 이한이 옮김, 비즈니스북스, 2019.

『7번 읽기 공부법』, 야마구치 마유 지음, 류두진 옮김, 위즈덤하우스, 2015.

『하버드 상위 1퍼센트의 비밀』, 정주영 지음, 한국경제신문사, 2018.

『수학,개념 씹어 먹고 공부해봤니?』, 조안호 지음, 시공사, 2022.

『수학의 신 엄마가 만든다』, 임미성 지음, 동아일보사, 2015.

『서울대 삼형제의 스노볼 공부법』, 윤인숙 지음, 심야책방, 2022.

『대치동 수학공부의 비밀』, 고대원지음, 길벗, 2021.

『생각정리스킬』, 복주환 지음, 천그루숲, 2023.

『초등학교 때 수학 꽉 잡는 법』, 이신애 지음, 랜덤하우스, 2009.

『최고의 변화는 어디서 시작되는가』, 벤저민 하디 지음, 김미정 옮김, 비즈니스북스, 2022.

『강쌤의 수학 상담소』, 강미선 지음, 휴먼에듀, 2020.

『공부머리 독서법』, 최승필 지음, 책구루, 2019.

『누가 더 끝까지 해내는가』, 세라 루이스 지음, 박지훈 옮김, 웅진지식하우스, 2015.

『학문의 즐거움』, 히로나카 헤이스케 지음, 방승양 옮김, 김영사, 1999.

2015년 중국 길림성 장춘시에서 열린 IMC(국제수학경시대회)
영어로 출제된 문제를 각국 리더들이 자국말로 번역하는 작업

2015년 중국 길림성 장춘시에서 열린 IMC 대회 학생들과 시상식

2015년 중국 길림성 장춘시에서 열린 IMC 대회 각국 리더들과 함께

2016년 태국 치앙마이에서 개최된 IMC 대회
자국 학생들의 채점된 답안지를 확인하고 작은 점수라도 올려주기 위한
리더들의 치열한 토론과 언쟁의 시간

2017년 싱가포르에서 개최된 IMSO(국제수학, 과학 올림피아드 대회)

2019년 베트남 하노이에서 열린 IMSO(국제수학, 과학 올림피아드 대회)

2019년 남아프리카 공화국 더반에서 개최된 IMC